© 2018, Jean Bernard Joly

Edition : Books on Demand,
12/14 rond-Point des Champs-Elysées, 75008 Paris
Impression : BoD - Books on Demand, Norderstedt, Allemagne
ISBN : 9782322147458
Dépôt légal : septembre 2018

Jean Bernard Joly

Nicolas Auguste Emery
Hussard de l'Empereur

Nicolas Auguste EMERY

Du même auteur

Le Viêt Nam que j'aime – Tome I
Soins des mères et des nouveau-nés, Mon Petit Éditeur, 2016

Le Viêt Nam que j'aime – Tome II
Allez en province, Mon Petit Éditeur, 2017

Le Viêt Nam que j'aime – Tome III
Planification familiale naturelle – Histoires et légendes
Avec Marie Joly, Mon Petit Editeur, 2017

Le Mali que j'aime
Avec Marie Joly, BoD Éditeur, 2017

L'Algérie que j'aime
BoD Éditeur, 2017

Les histoires pour Leïla
Ahmed
Skripitiki
Avec Sophie Foray, BoD Éditeur, 2017

La sauterelle jaune
Le crocodile qui mangeait des mouches
La pomme de terre magique *(à paraître)*
Avec Matthildur et Katrin Darricau Vigfúsdóttir
BoD Éditeur, 2018

Hussard de l'Empereur

Nicolas Auguste EMERY

Hussard de l'Empereur

À Marie, mon épouse,
Qui m'a encouragé et accompagné dans mes recherches

À Nicolas Auguste, dont le souvenir a failli se perdre

À mes enfants et mes petits-enfants

À mon frère et mes sœurs
Et leurs descendants

L'histoire de notre ancêtre associe gloire et amour

Nicolas Auguste EMERY

Note concernant la présentation du texte

Nicolas Auguste n'a laissé aucun document écrit de sa main.

Je n'ai que ses états de service militaire et certains documents familiaux. J'ai donc retracé son histoire grâce à des documents consultés aux archives de l'Armée dans la biblothèque du Fort de Vincennes à Paris. Des livres m'ont aidé à reconstituer en imagination ce que fut sa vie de soldat.

Afin de faire mieux revivre cet homme dont la vie a été exceptionnelle, j'ai souvent utilisé la première personne du singulier, comme si c'était lui qui avait rédigé.

J'ai aussi inventé des lettres qu'il aurait écrites. Elles sont présentées comme un texte manuscrit. Nicolas Auguste avait eu la chance d'apprendre à lire et à écrire à l'école. Ainsi, pendant tous ses temps de campagne, il a cerainement communiqué avec sa famille. Les soldats n'écrivaient que le strict nécessaire. Le service du courrier aux armées fonctionnait bien du temps de l'Empire, même pendant les campagnes, y compris pendant celle de Russie, mais peu pouvaient l'utiliser. La censure existait déjà et on ne pouvait pas exprimer tout ce qu'on pensait. Le soupçon était partout, un courrier saisi sur un particulier aurait pu le faire prendre pour un espion et le faire fusiller séance tenante.

C'est pourquoi, comme d'autres, il confiait ses lettres à des connaissances : messagers officiels de l'armée, cantinières, blessés renvoyés dans leurs foyers qui, retournant vers l'arrière, ont pu les acheminer. Pas d'enveloppe, aucune adresse, le messager apprenait par cœur la destination.

Malheureusement, ces lettres ont disparu.

Les citations entre guillemets et en retrait sont des extraits des lettres du docteur Dominique Larrey, chirurgien de la Garde de l'Empereur, qui écrivait chaque jour à son épouse.

Les paroles attibuées à d'autres personnages, comme l'Empereur Napoléon I° sont rédigées en italique.

Nicolas Auguste EMERY

Nous avons fait connaissance

Découverte de Nicolas Auguste Emery
Mon cinquième aïeul
Hussard de la Garde de Napoléon Premier

Cher Nicolas Auguste,

Je te souhaite la bienvenue chez nous.

Mon épouse Marie et mes trois enfants, Agnès, Isabelle et André, ainsi que leurs conjoints et leurs enfants sont heureux de te connaître.

Tu es arrivé à notre connaissance par hasard, il y a maintenant plus de 40 ans, lors du partage des biens de mon oncle Philippe Henry Nicolas Joly qui venait de mourir.

Nicolas….tiens ? comme toi !

Ses huit neveux regardaient les beaux meubles, les tentures, la vaisselle, et attendaient leur tour pour choisir.

Les objets délaissés, triés par mes parents comme sans intérêt ni valeur, avaient été entassés dans un coin sombre, en attendant d'être jetés.

Il y avait dans ce tas un petit encadré doré, sous-verre représentant les états de services d'un soldat de Napoléon I°,

Nicolas Auguste EMERY

commençant sa carrière comme hussard en 1803 et terminant non pas maréchal, mais maréchal des logis en 1815. 14 années de campagnes, deux blessures, des gelures, prisonnier, rien ne manquait, sauf la mort qui ne l'avait pas attrapé en cours de route. Il s'appelait Nicolas Auguste Emery, c'était toi, mon aïeul, cinq générations avant moi !

Au milieu de l'encadré, un biscaïen et une croix de la Légion d'Honneur au ruban rosi par le temps.

Etat des services de Nicolas Auguste Emery, avec le biscaïen qui l'a blessé à la bataille de Hanau et sa croix de la Légion d'Honneur.

Hussard de l'Empereur

ETAT DES SERVICES MILITAIRES ET BLESSURES
DE M. EMERY Jeune, CHEVALIER DE LA LÉGION D'HONNEUR

CORPS	GRADES	Epoques du service	Nombre des	
			Années	Campagnes
Entré au troisième régiment de Hussards	Hussard	15 août 1803	5 mois	
idem	idem	1804 à 1805	2	2
	idem	1806 à 1807	2	2
Entre dans la Garde Impériale, Chasseurs à cheval	Chasseur	Le 9 novembre 1808	2	2
idem	idem	1809 à 1810	2	2
Fait Brigadier le 27 février 1813	Brigadier	1811 à 1812	2	2
Admis à la retraite comme Maréchal-des-Logis	Admis à la retraite. Comme Maréchal-des-Logis	1813 à 1814	2	2
		1815	2	2
			14 années 5 mois.	14 campagnes.
Fait prisonnier à la première campagne de Pologne. Blessé à la cuisse d'un coup de lance, le 20 janvier 1807. idem à la bataille d'Hanau, d'un biscayen, le 30 septembre 1813 A eu les deux pieds gelés à la retraite de Moscou				

Le dos de l'encadré représentant l'état de tes services, est fait d'une feuille d'un carton ayant servi à emballer « 64 fichus à 0,90 »

À la plume à l'encre noire, il est écrit :

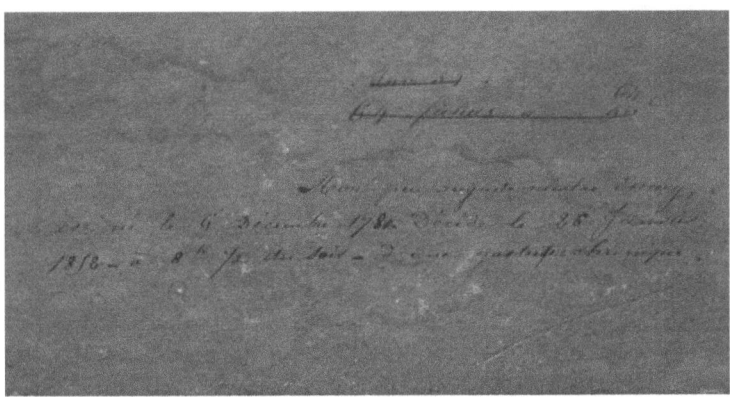

« *Mon père, Auguste Nicolas Emery, est né le 6 Décembre 1780. Il est décédé le 26 janvier 1852 à huit heures et demi du soir d'une gastrique (sic) chronique.* »

Marie et moi sommes tombés fascinés. Nous avons réclamé cet encadré. Il nous a été donné. Il est reparti dans nos bras comme un parent dont nous étions tombés amoureux.

Il y avait aussi cinq tableaux, portraits de personnes de ta famille. Fils aîné, ils me revenaient évidemment.

Grâce à ces objets délaissés, j'ai commencé à entrevoir ton histoire et j'ai découvert celle de ma famille. C'est l'origine de cet ouvrage.

Nicolas Auguste EMERY

Sur ce premier portrait tu es reconnaissable, car la croix de la légion d'honneur que tu portes ornée des drapeaux français est identique à celle qui est accrochée sur le tableau de ton état de services militaires.

Nicolas Auguste EMERY

Madame Emery née Geneviève Aldegonde Léquipé,
Mère de Nicolas Auguste

Cete jolie dame au petit chien est ta mère, c'est écrit sur le dos du cadre : « *Madame Emery, mère de Monsieur Auguste Emery* ».

Deux portraits étaient assez semblables de cadre et de facture, pour être le mari et la femme.

Au dos de celui de la dame, un nom et une date sont inscrits : « *Madame Roux, née Merlin 1824* ». C'était la fille d'Anne Emilie Emery, sœur de Nicolas Auguste.

Nicolas Auguste EMERY

Joseph Auguste Roux, l' « oncle nègre »

Son mari, Joseph Auguste Roux, qui a été entrepreneur de charpentes, est un homme au visage rond et assez sombre. « C'est l'oncle nègre » a dit mon père. De celui-là, nous avions entendu parler plusieurs fois, sans pouvoir nous faire préciser de quel pays il était natif et comment un homme de race noire était entré dans la famille. Effectivement il était noir de peau et de toile. Nous avons fait nettoyer le tableau et le nègre est redevenu un blanc au visage frais et rose.

Hussard de l'Empereur

Pierre Edmè Emery

Le dernier portrait d'homme est probablement celui de Pierre Edmé Emery, ton demi-frère.

Nous avons présenté ces portraits au conservateur du musée du costume à Paris qui en a déterminé la date : vers 1830. Bonjour, Nicolas Auguste !

De ce moment est partie l'amitié qui nous lie maintenant. Nous avons accroché ton portrait et tes états de service dans l'entrée de notre maison à Angoulême, pour que tous nos amis puissent te saluer, et nous avons cherché à mieux te connaître.

Ce que j'ai trouvé dans les archives familiales est maigre : des actes de naissance, de mariage, des partages, des testaments. Cela m'a permis de reconstituer l'arbre généalogique qui nous relie.

Il y a dans ma maison d'autres souvenirs de l'époque de l'Empire. Mes parents m'ont donné des meubles familiaux. Je n'ai gardé qu'une coiffeuse d'homme, meuble servant à la toilette, et j'imagine qu'elle t'a appartenu.

Un aigle en bois doré, ailes déployées, nous rappelle aussi ton époque.

Hussard de l'Empereur

Les armes du Maréchal Von Blücher

J'ai aussi une reproduction des armes du maréchal Von Blücher. Celui-là, tu le connais, je pense. Je ne t'en parle pas trop car il doit réveiller en toi de mauvais souvenirs.

Ce n'est pas une image de famille, mais un souvenir personnel.

En 1965, j'étais chef de clinique au centre de réanimation pour enfants de l'hôpital Saint Vincent de Paul à Paris. Un jour, un homme s'est présenté portant son fils de 5 ou 6 ans dans ses bras. Il s'avançait dans le couloir. Il ne savait pas comment il était arrivé dans ce service ni où il se trouvait. Personne n'était prévenu de son arrivée.

Un seul regard sur l'enfant me permit de me rendre compte de la gravité de son état et de ce qu'il fallait oser faire.

« Donnez-le moi ». Je le lui ai presque saisi des mains. Un geste rapide lui a permis ausitôt de respirer. Quelques minutes plus tard il allait bien et a parfaitement guéri.

Une semaine après sa sortie, chacun des médecins du service a reçu une caisse de six bouteilles de champagne avec une lettre de remerciements. Sur la doublure intérieure de l'enveloppe, il y avait la reproduction des armes de la famille Von Blücher.

J'ai gardé cette enveloppe, tant en souvenir de l'histoire, que pour la beauté de la gravure.

Et quand tu es arrivé, je l'ai encadrée et placée à côté de l'aigle, assez loin de toi cependant car je n'aime pas les querelles, même après presque deux cents ans.

Mais, pour écrire ton histoire, il ne restait rien de toi que cet encadré et ton portrait.

Alors, pardonne-moi.
J'ai rêvé.
Et ces rêves sont devenus l'histoire qui se trouve racontée dans les feuilles qui suivent.

J'ai recherché comment les soldats vivaient à ton époque, comment se déroulaient les marches, les batailles.

Les livres m'ont beaucoup appris. Je m'en suis inspiré. L'histoire de France de la période de l'Empire m'est alors apparue non plus comme une succession de batailles gagnées et perdues, mais comme la vie de millions de personnes de l'Europe entière, engagées dans cette tourmente malgré elles, tentant de survivre, souffrant, mourant sans bien savoir pourquoi et parfois réalisant des exploits appelés la Gloire, qu'ils ne pouvaient pas éviter de recevoir sauf à être tués par celui d'en face qu'on appelait l'ennemi.

Nicolas Auguste Emery est mon aïeul à la cinquième génération

Quand je regarde en arrière, la vie courante pendant la période de la guerre de 1939-1945 me paraît déjà d'un autre âge.

La découverte de Nicolas Auguste, mon cinquième aïeul du temps du premier Empire, m'a projeté dans une époque encore plus lointaine.

Qui était-il ? Comment a-t-il vécu ?

Bien que je sache, par l'intermédiaire de ses états de service, qu'il avait été soldat pendant 14 ans, il était impossible de le suivre pas à pas dans ses chevauchées à travers l'Europe.

Les batailles auxquelles il a participé, combats au sabre, au pistolet, à la lance, duels entre des milliers d'hommes, se rapprochent peut-être de ceux de Verdun pendant la guerre de 1914-1918, ou de Stalingrad, d'Okinawa, de Cassino, pendant la dernière guerre.

De ces combats mêmes, il reste, pour ceux de ma génération qui les ont connus, des relations écrites et des films. Les participants ont préféré en garder pour eux les horreurs. Le manque d'hygiène, la faim, les bivouacs dans la boue et dans la neige pendant des mois de suite, n'avaient rien à voir avec le camping moderne !

À l'école, je n'avais appris de l'Empire que des noms de campagnes, de batailles, sans en détailler le contenu.

Des combattants de l'Empire, j'avais lu des mémoires, des lettres, admiré des tableaux peints, présentations assez académiques mettant en valeur les costumes des combattants, l'Empereur, ses maréchaux. L'école ne m'avait rien appris de leur vie quotidienne.

Nicolas Auguste EMERY

De la guerre d'Espagne, je n'avais rien su. Et pourtant, les Espagnols en ont gardé longtemps de cruels souvenirs. Préfiguration d'autres guerres.

Nicolas Auguste Emery a vécu encore bien longtemps après la fin de l'Empire. Né avant la Révolution de 1789, il en a connu toutes les péripéties et les suites immédiates.

Il a connu la première restauration avec le roi Louis XVIII, le retour de Napoléon et les 100 jours. Il a combattu à Waterloo. Louis XVIII est revenu, c'était la deuxième restauration. Charles X et la révolution de 1830. Louis Philippe et la monarchie de Juillet. Même la révolution de 1848, la deuxième République et les premiers temps du second Empire.

Il a connu deux Empereurs, quatre Rois, deux Républiques, trois Révolutions et 14 ans de guerre….

Né pauvre, il a vécu pauvre la majeure partie de sa vie. Sa famille s'est enrichie après la mort de son demi-frère Pierre Edmé.
Nicolas Auguste a fini sa vie en vivant de ses rentes.
Cette fortune n'est pas fondée sur quelque trésor rapporté des pillages qu'il aurait faits au cours de ses campagnes. Ceux qui se sont enrichis ainsi étaient officiers supérieurs, accompagnés par une nombreuse suite. Les sous-officiers, comme lui, n'ont eu droit, avec les simples soldats, qu'aux plaisirs éphémères de survivre après les durs combats, et de noyer leurs angoisses dans des flots d'alcool et des ripailles sans nom. Le lendemain, un homme comme eux, mais de l'autre bord, leur planterait dans le corps en hurlant son sabre ou sa lance. Ils entendraient ronfler le boulet qui viendrait les fracasser.
Cette fortune repose en grande partie sur l'achat de terrains où s'élevaient à Paris les bâtiments de l'Ordre du Temple.

Le petit encadré délaissé méritait bien une explication, n'est-ce pas ?

Nicolas Auguste parle

Cher Jean Bernard,

Je suis le petit tableau décrivant mes activités militaires, avec le biscaïen qui m'a blessé à la bataille de Hanau et ma croix de la Légion d'Honneur.

Je te remercie de m'avoir accueilli chez toi. Me voici maintenant au repos, au chaud, remarqué, respecté et écouté, objet d'admiration et d'affection. Souvent tu me décroches pour me présenter de plus près à tes amis

À ma mort le 26 janvier 1852, une grande période d'oubli a commencé pour moi. Transmis dans des paquets et des objets de succession en succession, à mon fils Nicolas Michel, puis à Nicole Berthe, à Daniel Joly et enfin à Philippe Joly ton oncle, tu m'as choisi parmi les objets qui gisaient en tas attendant d'être détruits ou donnés à une vente, peut-être même à Emmaüs.

Le jour de ce choix a été pour toi le commencement d'une interrogation qui se poursuit encore.

Qui étais-je ?

Pendant la période du Premier Empire, un certain nombre de soldats ont légué à leurs enfants des lettres, des mémoires ; de moi il ne reste rien d'autre que ce tableau, ce cadre avec ma décoration et mes états de service. C'est tout ce que je peux te transmettre. Tu ne sauras rien de plus. De mon côté, je ne te connais pas.

André Joly ton père et Philippe Joly ton oncle ne t'ont jamais parlé de moi. Pourtant je suis très probablement un des membres de la famille qui a eu la vie la plus remarquable.

Je suis né pauvre. J'ai passé une grande partie de ma jeunesse à

Nicolas Auguste EMERY

l'armée. De ces quatorze années je n'ai retiré aucune fortune. La gloire ne m'a fait ni officier, ni noble. Ensuite, une certaine richesse m'est venue de mon demi-frère Pierre Edmée, me permettant une existence confortable. J'ai maintenant du temps pour te raconter ma vie, afin que tu puisses transmettre à tes enfants mon histoire, car j'ai très envie de parler, mais je ne suis plus que ce cadre et je ne peux pas te raconter.

Je te remercie d'avoir imaginé, rêvé, pour retracer à peu près ce que j'ai fait.
Je dédie ce texte à toi et à ton épouse Marie dont je sais que vous m'êtes fidèles.

Bien affectueusement,

Nicolas Auguste.

Mon enfance à Paris
Dans le quartier du Temple

Mon père Edmé est né probablement vers 1740 à Ozouer le Voulgis (Seine et Marne). Il était chaufournier. C'est un dur métier qui consiste à alimenter en bois les fours à chaux et à plâtre.

La fabrication du plâtre dans des fours, dont il y avait des exemplaires dans presque tous les villages, était une industrie très active. Le plâtre était un matériau de construction assez économique et très répandu, fabriqué à partir du gypse réduit en poudre et cuit dans des fours. Les mines de gypse étaient très nombreuses dans le sous-sol de la région parisienne. On trouve encore maintenant des effondrements dus aux éboulements des anciennes galeries de mine.

On construisait alors les murs des maisons soit en moëllons et en glaise, soit en poutres de bois dont les interstices étaient comblés de petites briques.

Les cloisons intérieures étaient en bois et plâtre. Les carreaux de sol étaient eux aussi montés sur une couche de plâtre ou de glaise.

La grande quantité de plâtre utilisée pour ces constructions entretenait en fin de travaux une humidité importante. Le séchage pouvait durer plusieurs années. On cédait alors l'usage de la maison avec un faible loyer à des familles pauvres heureuses de s'y loger, qui y demeuraient le temps d'« essuyer les plâtres ». Mais cette humidité était très malsaine. Beaucoup mouraient de maladie de poitrine, comme on appelait alors la tuberculose.

Le Grand Turenne

À la mort de sa première femme, dont il avait eu un fils, Pierre Edmé en 1774, mon père a quitté Ozouer le Voulgis. Il a vendu la maison familiale au maire, monsieur Théret qui l'a revendue ensuite à la famille Bonnard dont la fille Victoire Emilie a épousé mon fils Nicolas Michel en 1841.

Il est venu à Paris, dans le quartier du Temple. Il s'est remarié avec Geneviève Aldegonde Léquipé. Il a exploité un foyer de limonadier, c'est ainsi qu'à l'époque on appelait les cafetiers, à l'angle de la rue Charlot et du boulevard du Temple, « Au Grand Turenne ». J'y suis né en 1782 ainsi que ma sœur Anne Emilie, née en 1783.

Le café « Au Grand Turenne »
tel qu'il existe aujourd'hui

Le quartier du Temple

J'ai vécu dans le quartier du Temple une partie de ma jeunesse et après mon retour de l'armée.
C'est un quartier rempli d'histoire.
J'aimerais vous en raconter un peu.

Au temps des Gaulois, Lutèce n'était qu'un gros village. Le site de mon quartier était une zone marécageuse inhabitable.
C'est pourquoi on l'appelle maintenant Le Marais.

Au retour de la croisade de Louis VII en 1149, les Templiers se sont installés à Paris. Ils ramenaient des richesses considérables en argent (ils étaient possesseurs de 50.000 florins d'or[1]) et en valeurs mobilières.
Ils ont acheté de nombreux terrains dans la zone marécageuse et inhabitable d'un ancien cours de la Seine. Ils ont mis ces terres en culture (les « coustures » du Temple). Ils les ont entourées d'une muraille, créant « l'enclos du Temple » qui se trouvait en dehors de la ville, en bordure d'une route commerciale conduisant à Paris.
La surface de ces terrains équivalait au tiers de la ville.

---

[1] Quelle en est la valeur en 2018 ?
La référence est l'once d'or qui pèse 31,103…gr de métal. Il y a huit florins à l'once. Les Templiers ont ramené 50.000 Florins, soit 6.250 onces, soit 194 Kg d'or. La valeur en Juillet 2018 est de 34 300 € par Kg. Ainsi la valeur du trésor ramené de Jérusalem serait de 194 Kg X 34 300 € = 6.654.200 €

Hussard de l'Empereur

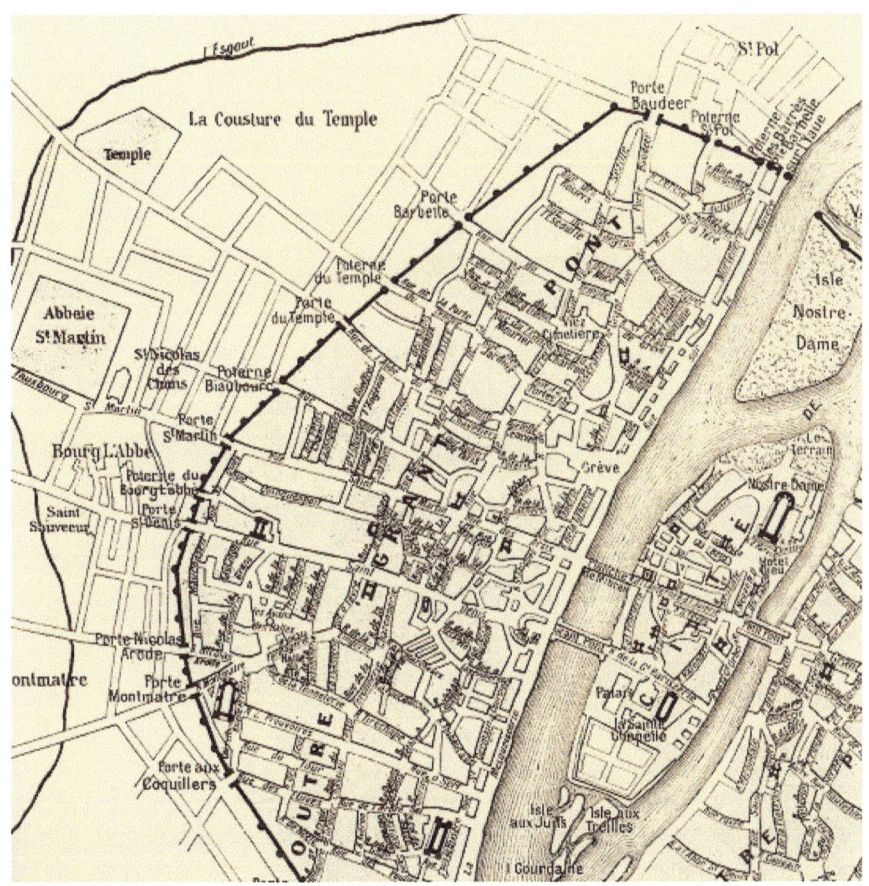

Paris au XI° siècle

La construction des nombreux bâtiments de l'Ordre des Templiers a constitué une petite ville complètement enclose dans ses murailles crénelées avec une seule entrée par un pont-levis sur l'actuelle rue du Temple.
Là était le chef-lieu européen de l'ordre.
C'était une véritable forteresse.

Le Temple

Des bâtiments spacieux magnifiques et nombreux pouvaient loger les chevaliers et les rois étrangers en visite.

Au cours du XIII° siècle, l'Ordre du Temple était dépositaire du Trésor royal. Les Templiers sont devenus les administrateurs des finances puis les principaux créanciers du roi.

De nombreux particuliers mettaient leur fortune en dépôt au Temple.

La confiance entre la royauté et l'Ordre dura jusqu'en 1307.

Philippe le Bel, qui s'était aussi considérablement endetté auprès de l'Ordre, a fait arrêter tous les Templiers le 13 octobre 1307, il les a fait condamner et exécuter.

Aussitôt après il s'installa au Temple.

Les rois suivants ont quitté cette résidence maudite. Les bâtiments ont été progressivement abandonnés et les ruines ont été pillées. On a construit des maisons sur ses terrains.

L'enclos du Temple a été inclu dans la ville en 1364 quand le roi Charles V s'est installé à l'hôtel Saint Pol et a construit de nouvelles murailles. 150 ans plus tard, on ne savait plus très bien où était cette muraille. En effet, on y avait construit des maisons, et on rejetait par dessus les ordures, « portées aux champs », ce qui a créé des buttes suffisamment hautes pour qu'on puisse y placer des moulins à vent.

Au XV° siècle, le quartier du Temple est devenu l'un des plus huppés de Paris.

Les nobles s'y sont fait construire des beaux hôtels particuliers sur les grandes parcelles jusqu'alors restées vierges. Des établissements publics ont été réalisés, comme l'Hôpital des Enfants Rouges, fondé en 1534 par Marguerite de Navarre, sœur de François 1er, qui donnera plus tard son nom au fameux marché des Enfants Rouges, créé par Louis XIII en 1615.

Après l'installation de Louis XIV à Versailles en 1682, ces grands bourgeois ont émigré vers l'Ouest pour se rapprocher de la Cour. Le quartier est devenu industrieux et commercial. Des artisans et des ouvriers mal payés se sont installés dans les grandes demeures abandonnées. Le quartier de Temple est devenu un foyer de mouvements séditieux.

Dès le début du XVIII° siècle, gazettes, clubs littéraires et politiques, le plus souvent hostiles au roi, s'y sont développés. Les réunions avaient lieu chez les limonadiers et dans les jardins, en particulier ceux du Temple. Les émeutes se sont multipliées. On en a compté 73 de 1711 à 1766.

Nicolas Auguste EMERY

En 1789, le quartier du Temple avait pris le parti de la révolution. Le café du Grand Turenne fut un lieu de réunions insurrectionnelles, en particulier au moment de la prise de la Bastille le 14 Juillet 1789, et le 10 août 1792 lors de la prise des Tuileries, puis destitution des pouvoirs du Roi, emprisonnement de Louis XVI et de sa famille dans la tour du Temple le 13 août. Tout le quartier était réuni pour regarder. Nous ne comprenions pas pourquoi il avait tenté de s'enfuir à l'étranger. Nous avions encore confiance en lui qui représentait la sagesse opposée à la fureur révolutionnaire.

Il fallait se mettre à l'unisson. Afficher ouvertement, sur l'enseigne d'un café révolutionnaire, le nom d'un ci-devant noble, même célèbre et même mort, pouvait être dangereux et conduire son propriétaire à l'échafaud, sans considération pour ses convictions politiques.

Monsieur Bancelin, propriétaire du « Grand Turenne », a donc changé le nom du café. En faisant des travaux, le propriétaire actuel a trouvé dans les sous-sols une pierre gravée : « Au cadran bleu ». Il s'est appelé aussi « À la tasse ».

D'ailleurs, les nobles en faisaient autant avec leur propre nom. Certains ont enlevé simplement leur particule, d'autres se sont enfuis à l'étranger.

Au lendemain de la Révolution, les couvents et les grandes demeures, devenus biens nationaux, ont été détruits ou divisés. Le quartier a perdu son prestige.

Napoléon I° a fait détruire le donjon du Temple en 1808.

Aux XIX° et XX° siècles, le quartier du Temple est devenu l'un des secteurs les plus industrieux de Paris, point important de convergence d'immigrants, originaires de nombreux pays, et aussi foyer d'agitation sociale.

En février 1834, le quartier s'est couvert de barricades.

Lors du plébiscite de 1851 pour ratifier le coup d'état de Napoléon III, approuvé à 92%, le quartier a voté contre à 40%.

Les rues de mon quartier

Toutes les rues du quartier du Temple sont chargées d'histoire.
Vous me direz que je suis bien chauvin, car l'histoire des rues de Paris est extrêmement riche. Mais ce sont les rues de mon quartier. Sa vie m'a été racontée par mon père Edmé, par des amis. J'y ai circulé. Je m'y suis marié. Enfin, ces rues ont reçu des noms tellement pittoresques que leur seule lecture entraîne à rêver.

Le boulevard du Temple

Le Boulevard du Temple relie la rue des Filles du Calvaire à la place de la République. Il a été ouvert par Louis XIV sur le tracé de l'enceinte de Charles X en Juin 1656. La rue du Temple, voisine, lui a donné son nom.
Il borde ainsi l'enclos des Templiers.
Le quartier à cette époque était très populaire. Il était planté d'arbres et servait de promenade. Quelques seigneurs l'habitaient encore, bien que l'émigration vers l'ouest, vers Versailles, ait déjà commencé.
Il était réputé pour le nombre de ses cafés. Il y avait aussi dix théâtres au voisinage de l'actuelle place de la République. Les promeneurs et les spectateurs venaient se désaltérer au Grand Turenne à la sortie du spectacle.
A côté de notre café, se trouvait la Bourse du travail d'où sont partis les révolutionnaires qui ont pris la Bastille.

De Louis XVI à la Monarchie de Juillet de Louis-Philippe, le boulevard du Temple a connu une grande vogue populaire.

C'est sur ce boulevard que, le 28 juillet 1835, un attentat eut lieu contre le roi Louis-Philippe venu célébrer le cinquième anniversaire de la Révolution de Juillet à la Place de la Bastille. Il a été surnommé alors Boulevard du Crime.

Les transformations du baron Haussmann ont radicalement modifié cette partie du Marais et il ne reste aujourd'hui des théâtres de jadis que le Théâtre Déjazet, la moitié d'entre eux ayant été rasés à l'occasion de l'agrandissement de la place de la République.

La Rue de Turenne

Henri de La Tour d'Auvergne, vicomte de Turenne (1611-1675), maréchal de France, est un des maréchaux les plus glorieux des règnes de Louis XIII et de Louis XIV.

Il est né protestant. Il a passé sa vie à la guerre.

Il a été précepteur militaire de Louis XIV et promu maréchal général des camps et armées du roi en 1660.

Il s'est converti au catholicisme grâce à Bossuet.

Il a été tué par un boulet à la bataille de Sasbach contre Montecuccuoli.

Il était bien normal que le roi Louis XIV donne le nom du Maréchal Henry de la Tour d'Auvergne, vicomte de Turenne, à une belle rue de Paris, celle où le Maréchal avait d'ailleurs son hôtel.

La rue de Turenne est née de l'urbanisation des terrains de marais situés autrefois en dehors de l'enceinte de la ville marquée par les fortifications de Charles V, en traversant de part en part le quartier du Temple.

Elle a été ouverte entre 1694 et 1701 et prolongée jusqu'au boulevard du Temple.

La Rue Charlot

La rue Charlot actuelle va de la rue des Quatre Fils au Boulevard du Temple.

La Rue des Quatre Fils est nommée ainsi en souvenir de la rébellion contre Charlemagne des quatre fils du duc Aymes, les quatre fils Aymon, montés sur leur cheval Bayard dont les bonds étaient fabuleux.

Elle s'est d'abord appelée rue d'Orléans ou rue d'Orléans au Marais. En 1626 elle a été prolongée jusqu'à la rue Béranger et a pris le nom de rue d'Angoumois, puis de rue Charlot, en souvenir de Claude Charlot, qui y avait fait bâtir plusieurs maisons au moment de sa prolongation vers le boulevard du Temple.

La Rue du Temple

J'y ai joué sous la suveillance du personnel du « Grand Turenne ». Elle a été créée au XII° siècle pour relier le quartier de l'Hôtel de Ville à l'enclos du Temple.

C'était une rue importante, car elle permettait au Roi qui résidait dans la ville de rendre visite aux Templiers qui rappelons-le, gardaient le trésor royal dans leur donjon, et géraient les finances du royaume.

Elle séparait les terres des Templiers du « Beau Bourg » où se trouvait le prieuré Saint-Martin des Champs.

A la sortie de la ville, à l'angle de la rue des Haudriettes, il y avait l'Echelle du Temple, la plus haute des potences de Paris.[2]

---

[2] Aujourd'hui, la rue du Temple va de la rue de Rivoli à la place de la République.

Nicolas Auguste EMERY

Enfant pendant la Révolution de 1789

J'ai vécu mes premières années dans le café de mon père, jouant sur les genoux des clients, respirant la fumée des pipes, trottant entre les tables, puis aidant à distribuer les consommations.

La clientèle était celle des habitants du quartier, personnes vivant chichement de commerce, d'artisanat, de menus travaux et de services.

Dans mon enfance, il ne restait debout du chateau du Temple que le donjon, la chapelle, et le palais du Grand Prieur de l'Ordre de l'Hospital. De nombreuses constructions avaient été faites sur l'enclos du Temple, en habitations, en commerces. Un établissement de bains avait même été créé au n° 94 de la rue du Temple en exploitant les anciennes étuves des moines Templiers : les bains Turcs, dont je reparlerai en détails.

Dans les jardins envahis de broussailles, j'ai joué avec mes amis et voisins à la splendeur et à la gloire de ces chevaliers qui avaient consacré leur vie à la protection de Jérusalem et des trésors de la France.

J'écoutais les ouvriers parler de leurs difficultés, parfois de leurs amours, de leurs rancœurs envers les patrons et les nobles.

En 1789, le ton des voix monta d'un cran. Les discussions des buveurs se prolongeaient tard dans les fumées du tabac et de l'alcool, car la Révolution s'annonçait. Ils sentaient que la société française allait changer et ils voulaient en prendre leur part. Ils imaginaient que tout irait mieux, que la vie leur serait plus facile, que les patrons leur donneraient une meilleure paye, que la richesse des nobles serait distribuée aux pauvres, que la maréchaussée serait plus clémente, que leurs enfants auraient une vie meilleure que la leur.

Chaque semaine voyait grandir l'excitation et l'enthousiasme.

Le matin du 14 Juillet 1789, le café de mon père fut envahi par un groupe venant de la Bourse du Travail toute proche. Ils étaient coiffés de bonnets rouges.

Ils n'avaient pu obtenir aucune concession du syndicat des patrons et leur colère était grande. On avait appris que quelques meneurs auraient été embastillés les jours précédents pour des motifs futiles.

Les verres de vin se succédaient. Les chopines se vidaient avec une rapidité qui commençait à inquiéter mon père. Il craignait que l'agitation ne soit entendue par la police, ou bien qu'une rixe ne survienne, car les opinions étaient tranchées, les débats contradictoires, et certains voulaient en venir aux mains. D'ailleurs on voyait luire les lames des couteaux de poche.

On m'a prié d'aller voir ma mère.

L'un des convives eut alors cette idée :

« *Allons prendre la Bastille et délivrons nos camarades emprisonnés.* »

L'enthousiasme a été immédiat. Voilà une action positive ; cette prison détestée sera détruite, et avec elle vont disparaître les privilèges des grands, ainsi que leurs injustices.

Plus de prisons, vive la liberté !

Le café s'est vidé en un instant de ses clients excités par la chaleur du jour, les discours et le vin.

Le calme est revenu. Mon père comptait la recette qui avait été bonne. Il n'avait payé qu'une seule tournée pour faire penser qu'il était d'accord et pour amorcer les autres.

Il m'a interdit d'y aller. Pendant qu'il comptait sur son boulier le nombre de chopines et les écus, je suis sorti par la petite porte et j'ai suivi les émeutiers. Car c'était bien des émeutiers maintenant. Les sabres étaient sortis, les piques sont apparues. Des drapeaux venant de nulle part ont été déployés. Certains étaient rouges, d'autres blancs avec la fleur de lys des rois, d'autres en trois bandes bleu, blanc et rouge. Certains émeutiers arboraient à leur chapeau une cocarde blanche, couleur du roi, ou bleu et rouge, couleurs de la ville de Paris. Alliance du roi et du peuple. C'était nouveau. On les regardait avec étonnement. On disait que la royauté devait être abattue et que ce seraient les couleurs de la future République. Mais c'était dit tout bas, car on ne savait pas si dans la foule il n'y avait pas des mouchards.

Plus on avançait sur le boulevard du Temple, plus la foule était nombreuse et les cris violents.

J'entendais crier : « *À mort* » !

Mais qui donc voulait-on tuer et pourquoi ?

De la suite, je n'ai rien vu. Un voisin qui manifestait lui aussi m'ayant reconnu, m'a flanqué une bonne taloche en m'intimant l'ordre de rentrer à la maison. Comme je me faisais prier en clamant des hurlements révolutionnaires, il m'a confié à une bonne femme, entraînée apparemment dans cette tourmente sans savoir où elle allait, qui m'a reconduit à la maison après avoir calmé mon ardeur de jeune manifestant avec un petit pain chaud.

La révolution continuait sans moi. D'ailleurs, pour les habitants simples du quartier du Temple, les grandes modifications de la vie de tous les jours promises par les gouvernements révolutionnaires successifs n'ont apporté qu'une vie plus chère, et aussi une suite de guerres dont je vous parlerai au fil de mes mémoires.

Moi, je jouais dans la rue, puis j'ai réellement travaillé au service du café.

L'été, j'étais envoyé à Ozouer le Voulgis, dans ma famille qui m'accueillait avec l'affectueuse sollicitude des paysans pour les enfants de la ville, dont ils connaissaient les dangers, la difficulté de vivre, la misère.

Je mangeais des grandes tartines coupées dans de grosses miches que mes tantes taillaient avec un immense couteau, en calant la tourte entre leurs seins opulents. Elles les recouvraient de pâtés, de beurre ou de confitures savoureuses.

Le matin, j'allais voir traire les vaches. J'ai eu droit à aider. Le tabouret à un pied accroché aux reins par une corde, j'allais de vache en vache, regardant les jets de lait échappés d'entre mes mains frapper le fond du seau en bois et faisant mousser ce liquide blanc dont la douce saveur m'est restée dans la bouche et la mousse sur les lèvres, ainsi que le souvenir dans la mémoire.

J'ai appris aussi à soigner les chevaux. Je peignais leur encolure, je leur faisais un nœud à la queue, je les étrillais, car le travail des champs était rude et il se mêlait souvent à leur poil des ronces ou des paquets de terre.

J'ai aidé aux moissons. Trop jeune et pas encore assez fort pour manier la grande faux, je suivais les femmes qui ramassaient les épis et les liaient avec un touron de paille.

De nombreux épis restaient à terre, mais je n'ai pas glané. On ne devait pas toucher ces épis, afin que les pauvres, plus pauvres que notre famille, puissent les ramasser et se faire ainsi un peu de grain. C'était cela le partage.

Comme couchette, j'avais droit à la paille de l'écurie. J'allais me serrer contre les bêtes, qui m'aidaient à m'endormir par le bercement de leur respiration, dans la chaleur de leurs flancs.

Je dois aussi à ces séjours d'avoir appris certains secrets de la campagne, comme la chasse aux mulots et aux lézards, que nous faisions griller sur des petits feux de brindilles, puis la chasse aux lapins et enfin aux biches et aux sangliers que mes oncles allaient braconner et qui fournissaient en viande les familles, car on ne mangeait pas les poules et les lapins domestiques qui étaient destinés à la vente au marché.

Ces séjours m'ont donné une constitution robuste.
Je mesure 1m 83.
J'ai acquis à la campagne une résistance physique à toute épreuve, qui m'a certainement permis de résister pendant ma vie de soldat.

À Paris je fréquentais l'école du quartier du Temple.

Depuis Louis XIV en effet, chaque commune et chaque quartier devait posséder une école, ouverte à tous, sous peine d'une forte amende.

Je ne sais plus bien si mes maîtres étaient des religieux ou des laïcs. Je sais lire et écrire, ce qui dans la vie d'un homme est le plus important.

Je rencontrais souvent Marie Françoise Lebrun, de quatre ans plus jeune que moi, fille d'un limonadier voisin et ami de mon père. Quand ses parents venaient partager un repas ou discuter affaires, nous mangions un goûter et allions jouer dans les rues et dans les jardins de l'enclos du Temple. Je la regardais avec l'indifférence des jeunes gens beaucoup moins mûrs en connaissance et en amour que les jeunes filles.

Je dis cela dès maintenant, car vous savez que nous ne nous sommes mariés qu'en 1817.

Les limonadiers

Dans notre quartier du Temple, les cafés et débits de boisson tenus par des limonadiers étaient nombreux.

Comme ils avaient l'habitude de discuter souvent ensemble pour régler les problèmes des relations avec la Mairie, le fisc et autrefois le Roi, ils se connaissaient bien. Des amitiés solides se sont créées et les mariages entre familles de limonadiers étaient habituels pour conserver le commerce.

C'est ainsi que mon père a épousé en secondes noces Geneviève Aldegonde Léquipée, ma mère, fille d'un collègue limonadier qui demeurait à quelques pas de chez lui. Son frère était joaillier.

Mon épouse était fille de limonadier, mon demi-frère Pierre Edmé était limonadier. Ma sœur Anne Emilie a épousé un limonadier !

Nicolas Lebrun, frère de Marie Françoise Lebrun, ma femme, était limonadier au 92 rue du Temple.

Benoit Merlin, mari d'Anne Emilie Emery, ma soeur, avait aussi un café au 11 rue Croix des petits champs, au coin de la rue Baillif.

Edmé Emery, mon père, a été le premier limonadier de la famille. Il exploitait le foyer de limonadiers « Au grand Turenne » appartenant à monsieur Bancelin.

En 1809, Pierre Edmé, fils d'Edmé et ainsi mon demi-frère, en a été propriétaire. À son mariage il a apporté en dot l'équipement de l'établissement. Voici copie d'extraits de cet acte notarié :

« Selon la communauté de biens, conformément à la coustume de Paris, il apporte : les ustensiles du foyer de limonadiers qu'il exploite Bd du Temple au coin de la rue Charlot, les glaces et ornements de son café ainsi que les meubles meublants, habits linge et hardes à son usage . Madame apporte 10.000 francs en meubles et habits et 10.000 francs en argent comptant, après le décès de Mr Lethueux son premier mari, sans postérité ».

Pierre Edmé a vendu le café en 1812 au moment où il achetait les « Bains Turcs » 94 rue du Temple. Il s'est installé en 1814 au « Café Turc », 33 Boulevard du temple. C'était un café très célèbre, grand concurrent du café « Au grand Turenne » de la rue Charlot.

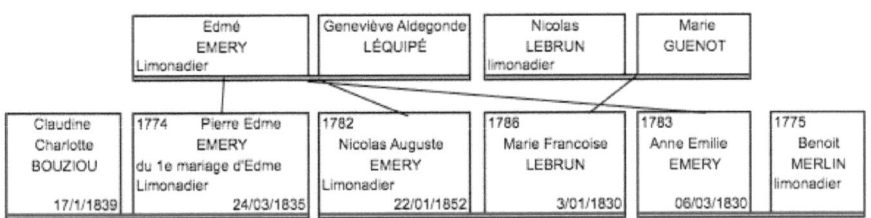

Les limonadiers de la famille

Histoire de la profession de limonadier

Au moyen âge, on ne connaissait en France, en fait de liqueurs, que la bière, l'hypocras[3], l'hydromel[4], les vins sucrés ou liquoreux. La vente des liqueurs était une profession libre, que chacun pouvait exercer sans demander permission à personne. L'eau de vie était vendue jusqu'au XVII° siècle par les épiciers-apothicaires-vinaigriers, chez lesquels on pouvait aller boire par petits verres.

La corporation des distillateurs et marchands d'eau de vie fut créée le 13 octobre 1624. Cette profession, comme celle de marchand de vin, était restée libre.

Les Italiens de la suite de Catherine de Médicis importèrent en France une multitude de boissons rafraîchissantes ou échauffantes, dont l'usage était complètement inconnu : limonades, orangeades, aigre de cèdre[5], eau de frangipane[6], sorbets, rossolio[7], populo, etc… !

Celle qui réussit le mieux auprès du public fut sans doute la

---

[3] Hypocras : vin épicé, fait avec du vin mélangé d'eau de vie, additionné de sucre ou de miel et aromatisé avec des amandes douces, un peu de cannelle, du musc et de l'ambre (concrétion intestinale de cachalot). Sauf le musc et l'ambre, c'est le vin chaud français ou le "glögg" des pays nordiques.
[4] Hydromel : solution de miel simple ou fermentée
[5] Aigre de cèdre : Boisson préparée à partir du citron cédrat cultivé en Provence
[6] Eau de frangipane : crème pâtissière très diluée à base de sucre, farine, œufs entiers, lait parfumé à la vanille, macarons écrasés, beurre.
[7] Rossolio : liqueur préparée à partir du rossoli (plante aromatique)

limonade, qui donna le nom de limonadiers à ceux qui la vendaient.

Les ratafias (c'étaient alors des fruits confits à l'eau-de-vie) arrivèrent ensuite des colonies françaises des Indes. Le thé, originaire de la Chine, fut en usage à Paris vers 1636 ; le café et le chocolat, en 1660. Le café détrôna la limonade dans l'esprit public, et la boutique du limonadier prit à peu près partout le nom de café.

Sur la demande des limonadiers unis, Louis XIV érigea la profession en corps de métier en mars 1676 en créant les maîtres limonadiers-marchands d'eau de vie.

Une ordonnance de police de 1685, précisa que :

« *Les boutiques des limonadiers restent ouvertes pendant toute la nuit ; elles servent maintenant de lieu d'assemblée et de retraite aux voleurs de nuit, filous et autres gens malvivants et déréglés, ce qui se fait avec d'autant plus de facilité que toutes ces boutiques et maisons sont désignées et distinguées des autres par des lanternes particulières sur la rue, qu'on y allume tous les soirs et qui servent de signal. Ordonnons, en conséquence, que les lanternes seront ôtées et les boutiques fermées après cinq heures du soir de novembre en mars, et après neuf heures de mars en octobre.* »

Les limonadiers protestèrent. Sur leurs réclamations, on leur donna jusqu'à six heures en hiver et dix heures en été.

Une autre complication vint des vendeurs de café qui leur faisaient une concurrence déloyale.

La corporation fut supprimée à la Révolution.

En 1876, les restaurateurs et limonadiers du département de la Seine fondèrent une Union syndicale et mutuelle sous la présidence de Bignion aîné, propriétaire du « Café Riche ».

Le 15 août 1803, ma vie a changé
J'ai été enrôlé dans l'Armée

Je croyais bien que ma vie se passerait comme celle de mon père. J'espérais lui succéder dans le café de la rue Charlot, mais les temps avaient passé.

La révolution avait apporté la guerre.

Les souverains d'Europe, qui avaient entre eux des liens familiaux, avaient été bouleversés par la chute, puis la décapitation du Roi et de la Reine de France.

Le nouveau régime, issu des lumières, avec comme idéal l'égalité entre tous les hommes devenus citoyens quelle que soit leur naissance ou leurs titres de noblesse, faisait craindre aux rois des autres pays d'Europe la survenue d'un sort semblable. Ils redoutaient le général Bonaparte et ont détesté l'Empereur Napoléon I°.

L'Angleterre était le foyer de leurs complots.

Voulant rétablir la royauté par la force, ils ont fait la guerre à la France.

Les guerres étaient de plus en plus mangeuses d'hommes.

Auparavant, les soldats étaient recrutés soit par engagement volontaire, soit après persuasion abondamment arrosée d'alcool, si bien que le jeune homme se retrouvait en caserne sans savoir comment il y était entré.

Les soldats étaient respectés.

Les batailles trop sanglantes étaient sources de désertion, voire de passage à l'ennemi en masse, si la paye de l'autre côté était meilleure. L'exemple le plus fameux fut celui des Suisses qui au cours de la bataille de Pavie pendant le règne de François I°, changèrent au moins trois fois de camp.

Le gouvernement, au nom de l'égalité, et pour sauver la liberté et la République, a instauré la conscription par la loi du 8 fructidor an VIII (26 août 1799). Cela a permis de sauver la France de l'invasion, mais cela a entraîné aussi des modifications considérables dans la conduite de la guerre. Le commandement y a trouvé la possibilité d'engager les soldats dans les combats et de les faire tuer sans contestation.

L'horreur maximale sera atteinte au cours de la guerre européenne de 1914-1918.

La conscription concernait tous les hommes de 20 à 25 ans, mais ils n'étaient pas tous enrôlés. Chacun recevait un numéro d'appel et on procédait au tirage au sort. Dans les campagnes, un sur quinze était pris. Dans les villes c'était un sur sept. Celui qui était tiré pouvait se faire remplacer en payant le remplaçant. Le coût était de 400 à 1.800 francs. Souvent un soldat en fin de service se proposait pour le remplacement, mais à Paris le remplacement n'était pas permis.

Le 15 août 1803 le tirage a eu lieu à la Mairie du 3° arrondissement. J'ai été tiré et je n'ai pas pu éviter l'enrôlement. De toute façon, mon père n'était pas assez riche pour payer un remplaçant et il était content de voir que son fils avait ainsi un moyen de vivre.

La durée du service était prévue de 1 à 5 ans en temps de paix, illimitée en temps de guerre. Je n'imaginais pas au départ que je resterais dans l'armée pendant quatorze ans, car l'Empereur laissait entendre qu'après la prise de l'Angleterre, une paix définitive et durable surviendrait.

L'Angleterre n'a pas été prise, c'est elle qui finalement a gagné, après 14 ans de batailles auxquelles j'ai pris part.

Je n'ai pas le souvenir d'une quelconque tristesse ou de l'angoisse de la mort au moment de mon départ.

Maman a pleuré. Mon père a vidé quelques chopines avec ses amis en m'invitant à trinquer à ma gloire future et à celle de la France.

J'avais 22 ans. Depuis quelques années, mes parents et ceux de Marie Françoise Lebrun regardaient avec attendrissement l'amitié enfantine, puis les amours d'adolescents et maintenant celui qui nous unissait. Elle avait 19 ans. Les deux familles projetaient notre mariage. Nous-mêmes en attendions la célébration avec impatience.

Des sentiments contradictoires se sont bousculés dans ma tête. Je devais partir. Devions-nous nous marier avant mon départ ? Devions-nous attendre mon retour ? Notre amour saurait-il résister à un éloignement prolongé ?

La guerre serait courte. J'étais certain de revenir bientôt.

Nous avons décidé d'attendre.

Marie Françoise a versé bien des larmes.

Le troisième régiment de hussards[8]

J'ai fait état de mes connaissances dans le soin des chevaux. C'est ainsi que j'ai été enrôlé dans le 3° régiment de hussards.

Les hussards ont été créés en France par Louis XIII en 1637. Ils existaient déjà en Hongrie. Cette arme hongroise a servi de modèle.

---

[8]Documents consultés :
Historique du troisième régiment de Hussards. De 1764 à 1887 d'après les Archives du Corps, celles du Dépôt de la Guerre et d'autres documents originaux par Raoul DUPUY, Capitaine Commandant au 3° régiment de Hussards
Paris Librairie Française Alphonse Piaget 16, rue des Vosges

On les a appelés housards, puis hussards. Ce terme vient du mot Hus' Ar, qui en hongrois signifie vingt sous. C'était le montant de la solde journalière d'un soldat de cette cavalerie légère.

La création d'un régiment de hussards en France est liée à la désertion d'Autrichiens. En 1688, pendant la guerre de la Ligue d'Auxbourg opposant la France de Louis XIV à l'Angleterre, l'Espagne, les Pays Bas et le Saint Empire Romain Germanique, le lieutenant Brignhoff, le cornette Pohardy et le général Kromberg, vêtus en hongrois, désertèrent l'armée de l'Empereur d'Autriche. Ils recrutèrent des déserteurs de deux régiments autrichiens.

Le prix payé par Louis XIV pour la création du régiment, a été de 100 écus par housard monté et équipé.

Le général Kromberg perdit au jeu l'argent reçu et quitta la France.

Le régiment commandé par le Mestre de camp comte Valentin Ladislas Esterhazy est devenu le 3° régiment de Hussards, le 10 Février 1764. Après la paix d'Amiens, en 1803, il rentra en France pour aller tenir garnison à Compiègne.

« Pendant cette période, il resta toujours discipliné, fidèle au devoir, dévoué à ses chefs et digne en tous points de la réputation qu'il s'était déjà acquise. Ce sont là des vertus peu éclatantes et qui n'ont pas de retentissement dans l'histoire, mais elles sont l'âme d'une armée et la préparent insensiblement aux luttes glorieuses et aux grands triomphes ».

Voici le régiment dont je venais de faire partie.

Ma vie au régiment

Le 2 décembre 1804, Napoléon a été couronné Empereur des Français. Ce sacre a été célébré avec beaucoup de faste. Les journaux en ont fait la relation. Ceux qui ont assisté à la cérémonie en ont parlé avec émotion et admiration.

Cependant, les plus sages n'y ont pas vu que du bonheur pour la France. Le chirurgien Dominique Larrey, qui était très proche des soldats qu'il soignait avec une grande attention et que tous aimaient beaucoup, ne se privait pas de critiquer l'Empereur.

Il avait assisté aux cérémonies. Au retour, il écrivit à sa femme :

> « C'est avec une affliction profonde que j'ai vu cet illustre guerrier porter le sceptre des rois. Tout me prédit que cet instrument de la tyrannie causera incessamment sa perte et la ruine de la France, tandis que s'il avait su conserver son titre modeste de premier consul de la République, il aurait été vénéré du monde entier et il serait resté l'idole du peuple français. »

Et pourtant, comme moi, mais moi je ne l'avais pas choisi, le célèbre chirurgien l'a suivi jusqu'au bout dans toutes ses campagnes. Je l'ai rencontré souvent et parfois j'ai pu l'aider quand il donnait ses soins aux blessés.

La cavalerie légère était composée de 12 régiments de 1.044 hommes.

En 1803, le 3° hussards joint au 10° chasseurs sous les ordres du colonel Auguste Colbert, faisait partie du 6° corps sous le commandement du général Ney.

Les hussards étaient des cavaliers légers chargés de faire des patrouilles d'éclaireurs, de transmettre les messages, et après la bataille de poursuivre les fuyards. Leur bravoure était proverbiale. Un dicton disait : « *Un officier de hussards qui n'est pas mort au bout de deux ans de service n'est qu'un Jean-foutre* ».

Nous étions armés d'un sabre courbe modèle léger de la cavalerie de l'an XI (1802) qui mesurait 37 pouces (1 mètre). C'était une lame assez courte, afin de ne pas traîner à terre, assez longue pour pouvoir égorger un ennemi à cheval ou à pied. Il devait être capable de trancher une tête d'un seul coup. Le N impérial était gravé sur la garde en cuivre. Il devait être affûté soigneusement après chaque combat, car il était alors ébréché.

Nous avions aussi un mousqueton qui était accroché à une partie du baudrier, au flanc droit du cavalier.

Les fusils français étaient moins performants que ceux des alliés. Leur portée était plus courte, ils étaient moins précis, leur chargement était plus long et plus compliqué, ils rataient souvent leur coup. Les meilleurs fusils étaient anglais. On en a beaucoup récupéré et utilisé en Espagne.

Les officiers avaient deux pistolets placés dans les fontes de part et d'autre de la selle, couvertes de toile cirée pour les protéger de l'humidité.

J'ai passé les années 1804 et 1805 au camp de Montreuil et à l'armée des côtes entre Le Havre, Rouen, Chartres, au Camp de Boulogne, en attendant l'invasion projetée de l'Angleterre.

Le 16 mai, les Britanniques, sans déclaration de guerre préalable, avaient capturé une centaine de navires français et hollandais. La France déclara la guerre à l'Angleterre. Bonaparte choisit alors Boulogne sur mer comme base pour mener l'invasion de l'Angleterre.

Le Camp de Boulogne s'étendait de l'Escaut à la Somme. Il comportait des fortifications et des batteries chargées de canonner les vaisseaux anglais qui s'aventuraient trop près des côtes.

Il était très bien organisé. Trois rangées de baraquements en pierre, de 3 à 4 pieds de haut (environ 1m50), recouverts d'une charpente en bois. Les murs autres que la façade étaient en torchis, mélange de paille et de glaise. Les plafonds étaient bas, quelques petites fenêtres donnaient un peu de lumière. Nous couchions sur des bat-flancs recouverts de paille.

Les alignements de baraquements mesuraient environ 4 km. Les chemins étaient empierrés ou parfois pavés. Ils portaient les noms de victoires : Valmy, Jemmapes, Fleurus. Les plus larges étaient nommés Avenue des États Généraux, Jeu de Paume, Constituante. Aux carrefours il y avait des pyramides de glaise recouvertes de coquillages.

C'est à ce moment et dans cette troupe que fut généralisée la pratique de la « vaccine », premier vaccin contre la variole. Aucun cas ne fut déclaré. Il n'en était pas de même de la gale et des poux !

Aussitôt après mon enrôlement, notre entraînement a commencé. Les exercices étaient quotidiens. Jamais les troupes n'auront été aussi bien formées. Connaissant les chevaux, les soins aux animaux m'ont été faciles. J'aimais ces bêtes. Je n'ai dû apprendre que les manœuvres, le maniement du sabre et du fusil, la charge, et j'ai ainsi pu aider les jeunes sans expérience que nous appelions les « patatras ».

Nous faisions des manœuvres d'embarquement et de débarquement en prévision de l'invasion de l'Angleterre. Les bateaux, appelés prames, étaient des trois mâts barques de 36 mètres. Ils pouvaient porter 3 officiers, 25 fantassins, 50 cavaliers et 50 chevaux.

On nous a appris à naviguer, monter à l'abordage, utiliser les grappins. Nous avons fait des sorties en mer, sans nos chevaux bien sûr, quand les vaisseaux anglais s'approchaient trop près des côtes.

La présence d'une telle quantité de militaires a transformé la vie des villes : commerçants, bouges, filles de joie se sont multipliés.

Nicolas Auguste EMERY

Au moment de mon incorporation j'ai reçu l'uniforme. On m'a donné aussi 3 chemises, 2 paires de bas, 1 bonnet de nuit.

Chasseurs à cheval

L'uniforme avait 218 boutons et 42 mètres de tresse. Les couleurs variaient suivant les bataillons d'un même régiment. Elles étaient dépendantes de la qualité de l'étoffe que les marchés fournissaient.

Petit à petit, le bleu devint dominant.

La sabretache[9] portée sur la cuisse gauche portait la devise : « Il en vaut plus d'un ».

Nous n'étions que rarement vêtus de notre bel uniforme. Pendant les exercices et plus tard pendant les campagnes, nos habits étaient le plus souvent usés, rapiécés, troués. Les services de l'habillement ne les renouvelaient pas souvent. Cela ne plaisait pas à l'Empereur.

« Mon armée est dans le besoin. Les hommes sont nus et vos bureaux se moquent de moi. »

Il était expressément défendu de laver l'uniforme, cette méthode étant nuisible à la conservation des étoffes. Toutes les parties de l'habillement devaient être battues, vergetées et tenues dans le plus grand état de propreté. Les taches devaient être enlevées soit avec du savon, soit avec de la pierre à détacher employée avec de l'eau très propre qu'on laissait sécher naturellement en battant légèrement l'étoffe contre elle-même.

Je blanchissais mes culottes ma veste et les revers de mon habit avec du blanc d'espagne mouillé, de manière que ma tenue soit d'une blancheur éblouissante.

---

[9] Sabretache : « poche à sabre », ne contenant rien.

Nos cheveux étaient tressés en queue qui devait être dénouée pendant le sommeil. Cette queue pouvait être très longue. Certaines atteignaient la taille. Elle avait la réputation de protéger des coups de sabre et du froid.

Pour l'entretien de nos cheveux, notre trousse comprenait un sac à poudre, une houppe, une boîte à pommade et 1/2 livre de poudre.

Par temps de pluie, c'était une horreur. L'eau diluait la poudre qui se transformait en une pâte salissant tout l'habit. Et puis, c'était un bon refuge pour des légions de poux.

C'est pourquoi Napoléon décida que par mesure d'hygiène il était préférable de porter les cheveux courts, mais il ne voulut pas l'imposer ; une révolte aurait éclaté. Il y eut des querelles, et même des duels entre les tenants de cheveux longs et ceux qui les avaient coupés. « *Caniches tondus ! - J'aime mieux être caniche tondu que vilaine tête à perruque !* » Et on terminait la discussion au sabre. Les soldats disaient : « *Et puis, nous ressemblerons à ces coquins d'Angliches !* »

Notre régiment décida quand même de se couper les cheveux en une grande parade collective. Les hommes mirent pied à terre, la bride dans le bras gauche. On reçut le commandement de mettre le sabre à la main et de faire par le flanc droit. Puis dans cette position, l'ordre fut donné à chacun de couper la queue de son chef de file. Cette exécution se fit spontanément et d'une manière si prompte et si inattendue qu'en moins d'une minute 800 queues restèrent sur le terrain. Le soir, nous n'y pensions plus. Mais ensuite nous avons à nouveau laissé pousser nos cheveux pour refaire la queue avec deux tresses tombant des tempes jusqu'aux épaules. Nous avions aussi une moustache dont les extrémités étaient soigneusement huilées.

Nous portions un anneau d'or à l'oreille gauche.

Ma solde était de 7 sous et huit deniers. Mais il ne m'en restait quasiment rien après les dépenses obligatoires que nous devions faire sur ce que nous recevions. Voyez plutôt :

Des 7 sous, il fallait en donner 5 pour « la grenouille », c'est à dire la masse destinée à acheter la viande, les légumes et la chandelle. Seul le pain était fourni par l'armée. Le 6° sou était versé à la caisse du régiment qui le décomptait chaque trimestre : 4 francs et 10 sous. Mais là-dessus on retenait chaussures, chemises et bas. Un sou par semaine pour le perruquier et autant pour le blanchisseur. Faites le compte. Il restait à peine de quoi payer le blanc pour l'entretien des équipements et la poudre pour les cheveux.

Les chevaux nous étaient fournis. La capote était roulée sur le devant de la selle. On la déroulait pour dormir en bivouac. Les officiers devaient payer leur cheval et leur équipement. Un cheval coûtait environ 400 francs. Chaque cheval recevait chaque jour 10 livres de foin, 15 de paille, 2/3 de boisseau d'avoine ou 4/5 de son. Son entretien quotidien coûtait 1,3 francs.

Marie Françoise Lebrun

Parti à la guerre, je laissais derrière moi ma famille et surtout Marie Françoise Lebrun que je courtisais et espérais épouser.
Comme j'avais la chance de savoir lire et écrire je lui faisais pavenir une lettre dès que je pouvais.
Elle a gardé ces messages d'amour. Je les ai retrouvés à mon retour définitif en 1814, après 14 années de campagne.
Je vous les confierai au fur et à mesure de mon histoire.

Nicolas Auguste EMERY

Au Camp de Boulogne

15 Septembre 1804

À Mademoiselle Marie Françoise Lebrun

Chère Marie Françoise,

Maintenant je suis parti. Nous devions nous dire au revoir et peut-être prendre le temps de nous marier avant mon départ. Cela n'a pas été possible, on ne m'a laissé aucun loisir, de peur que je ne disparaisse.

Choisi pour servir dans l'armée de l'Empereur, je dois aller où le devoir m'appelle. Comme vous le savez, je suis dans la cavalerie. C'est un corps prestigieux, mais aussi exposé à tous les dangers.

Je ne sais pas si je reviendrai. La guerre durera-t-elle longtemps ? On nous a dit que nous allons traverser la mer Manche et que de l'autre côté se trouvent les véritables ennemis de la République.

La France ayant abandonné la monarchie, est devenue indépendante des familles royales d'Europe. Celles-ci règnent sans partage sur leurs pays et croient avoir le droit, par les vues communes dues à leurs alliances, de diriger la destinée des peuples.

Elles considèrent aussi la condamnation et l'exécution du ci-devant roi Louis comme l'assassinat d'un membre de leur famille et veulent en tirer vengeance.

L'Empereur est regardé comme l'usurpateur d'un pouvoir qui ne devait en aucun cas leur échapper.

Sa conception moderne de la vie de notre pays, qu'il réalise grâce aux nombreuses réformes en cours, et celle de la nécessité de l'union des pays de l'Europe, ne sont pas compatibles avec les visées étroites des royautés.

Les Anglais sont les fédérateurs de ce soulèvement sans merci.

Mais je pense que nous sommes très forts. Notre entraînement est excellent et nos armes sont les meilleures du monde. La guerre ne durera pas.

Marie Françoise, vous êtes encore une jeune fille.

Nous nous sommes souvent rencontrés soit chez mon père, soit chez le vôtre. J'ai apprécié votre sagesse, votre expertise dans les choses de la vie et du ménage. Votre regard a croisé le mien. J'y ai lu des sentiments qui devraient se compléter par le mariage.

Nous aurions pu nous marier avant mon départ. J'en avais l'âge et vous aussi. Nous pensions que notre union serait prochaine et que le métier de limonadier que j'exerçais avec mon père dans le café Au grand Turenne suffirait aux besoins de notre famille. Votre père et le mien ont insisté auprès de moi pour que je prenne cette décision avant mon départ. J'ai refusé. Je n'ai pu échapper à la conscription, car ma famille n'est pas assez riche pour payer un remplaçant.

J'espère rentrer vivant de cette expédition. Mais si je dois mourir au combat, je ne veux pas que votre vie soit liée à moi par un veuvage sans joie. Aussi bien je vous demande de m'attendre.

De mon côté, je penserai constamment à vous, comptant les jours qui nous séparent. Si par malheur je ne devais pas revenir, je resterai dans votre souvenir comme un ami sincère, détaché du lien du mariage qui ne sera alors pour vous qu'un souvenir douloureux.

Marie Françoise, attendez-moi ! Je vous promets de vous être fidèle. Vous seule êtes dans mon cœur. Je vous ferai passer des lettres par des personnes de confiance revenant vers l'arrière, car la poste aux armées ouvre tout, lit tout, et ne fait rien suivre. De toute façon, je n'ai pas de quoi payer le timbre.

Votre Nicolas Auguste qui vous aime.

Nicolas Auguste

Nicolas Auguste EMERY

Au Camp de Boulogne

15 Septembre 1804

À Monsieur Nicolas Lebrun
Marchand Limonadier
92 Rue du Faubourg du Temple

Monsieur,

Je n'ai pas pu venir vous rencontrer une dernière fois avant mon départ, comme je l'aurais souhaité.

Je vous remercie des bontés que vous avez eues pour moi et de la confiance que vous m'avez témoignée en répondant favorablement à la démarche que mon père a faite auprès de vous en vous demandant pour moi la main de votre fille Marie Françoise. Vous lui proposiez même de célébrer ce mariage avant mon départ.

Je vous remercie d'avoir compris les raisons de mon refus. Je vous remercie encore une fois de votre confiance.

J'aime trop Marie Françoise pour lui imposer un lien qui ne serait qu'une brève liaison dans le cas malheureux où je ne reviendrais pas vivant de cette guerre.

Je vous assure de la force de mes sentiments et de ma fidélité à son égard.

On ne m'a laissé aucun temps de réflexion. Comme je ne pouvais pas payer un remplaçant, j'ai du rassembler rapidement les quelques affaires que je pouvais emmener. Maintenant je ne puis pas sortir de la caserne.

Nos familles se connaissent depuis longtemps et ont voisiné. Mon père et mon grand-père ont reçu de votre famille bien des conseils éclairés pour la conduite de leurs affaires de limonadiers. J'ai eu moi-même l'honneur d'être reçu dans votre maison.

C'est lors de ces visites que j'ai rencontré votre fille Marie Françoise. Avec votre permission, nous nous sommes mieux connus. Vous savez qu'elle et moi avons maintenant l'un pour l'autre des sentiments d'estime et d'amour qui ne demandent que la conclusion du mariage.

Nous pensons que nos cœurs sont faits pour s'accorder. Mon départ interrompt le bonheur de notre union.

Pour combien de temps serai-je éloigné de France et de ce quartier du Temple où habite votre fille, celle que j'aime ?

Puis-je vous demander d'intervenir auprès d'elle et de lui demander de m'attendre ? Elle sera tous les jours dans ma pensée, en attendant la fin de cette guerre, qui ne sera pas longue.

Je vous remercie, Monsieur et je l'espère futur beau-père, de votre attention et de vos sentiments bienveillants à mon égard, et vous assure de ma très haute considération.

Votre tout dévoué.

Nicolas Auguste Emery

Nicolas Auguste EMERY

Du camp de Bouloge à Austerlitz

Nicolas Auguste EMERY

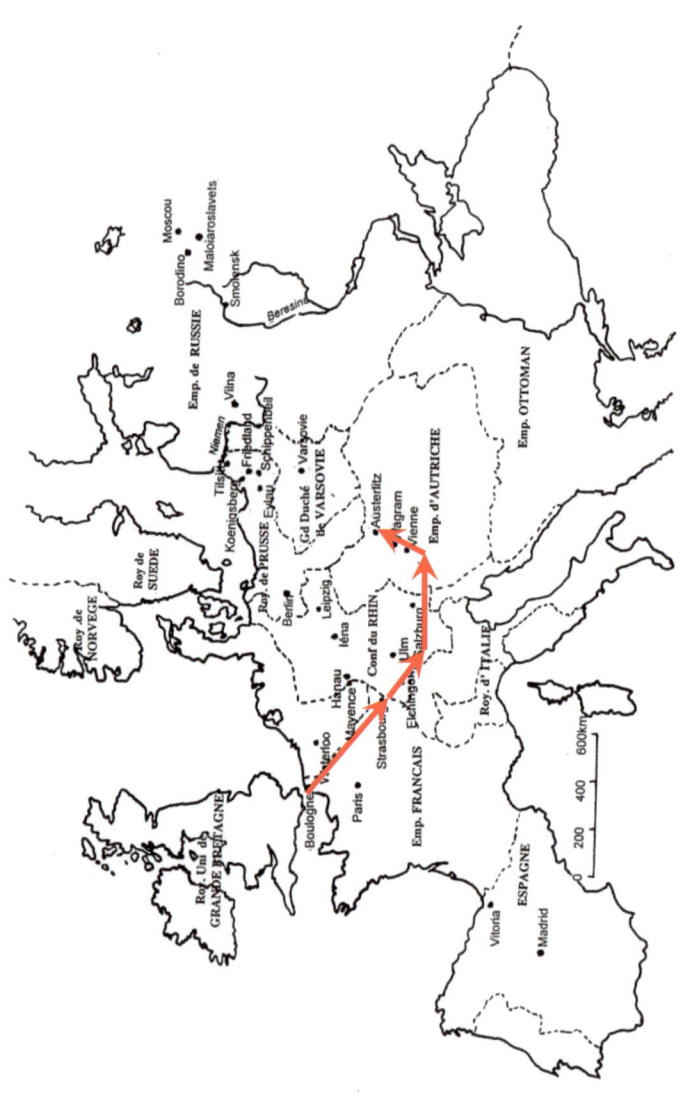

Du camp de Boulogne à Austerlitz

Hussard de l'Empereur

Au camp de Boulogne

7 Fructidor an XIII[10]

À Mademoiselle Marie Françoise Lebrun

Ma bien aimée,

Nous avons reçu ce soir l'ordre de préparer notre départ dès demain au lever du jour.

Je confie ce billet à un ami marchand de chevaux qui doit se rendre à Paris.

Notre destination doit rester secrète. En tous cas, ce n'est pas l'Angleterre, mais c'est pour nous battre.

Je vous aime.

Nicolas Auguste

---

[10] 25 Août 1805

Nicolas Auguste EMERY

En marche vers l'Autriche

Septembre 1805

À Mademoiselle Marie Françoise Lebrun

Chère Marie Françoise,

Je n'imaginais pas la guerre comme je la vois. Les combats sont rares, mais intenses. Il faut surtout se garder des coups de lance ou de sabre et pour cela en donner beaucoup. J'ai toujours pu me protéger, mais chaque fois en tuant ou blessant mon adversaire. Les boulets viennent frapper au hasard. Nous ne les voyons pas venir. Leurs blessures sont affreuses et le plus souvent mortelles.

Les temps de cantonnement sont malheureusement trop courts. Même les chevaux sont encore fatigués au départ. L'Empereur veut toujours nous porter en avant pour frapper l'ennemi avant qu'il ait eu le loisir de s'apercevoir de notre présence.

Les marches forcées sont pénibles. Nous devons ménager les chevaux et aller à pied. La pluie nous transperce. Le froid nous saisit. La faim nous tenaille. Les ressources de l'armée sont insuffisantes et ne nous suivent pas. Nous devons vivre sur les réserves des paysans que nous rencontrons. Il est bien rare que ces pauvres gens soient payés.

Marie Françoise, je vous aime, attendez-moi.

Nicolas Auguste

Hussard de l'Empereur

En été 1805 tout était prêt pour envahir l'Angleterre, mais l'escadre de l'amiral Villeneuve a été bloquée à Cadix par l'amiral Nelson, et celle de l'amiral Ganteaume à Brest par l'amiral Cornwallis. La traversée de la Manche ne pouvait plus être protégée par la flotte pendant les deux jours nécessaires.

Dans le même temps, les Autrichiens avaient repris des préparatifs de guerre.

Le 25 août (7 Fructidor), l'Empereur a décidé de ne pas envahir l'Angleterre.

Le 23 Septembre il annonça au Sénat à Paris son intention de se mettre à la tête des armées pour aller sur la frontière allemande affronter les Autrichiens qui s'organisaient.

Pendant cette campagne, le 3° Hussards servait au sixième corps de la Grande Armée (Général puis Maréchal Ney) embrigadé avec le 10° chasseur, sous les ordres du Colonel puis Général Auguste de Colbert, qui sera tué d'une balle en plein front en Espagne à Astorga en 1809.

Nous étions enthousiastes, pensant que cette guerre serait courte. Nous étions tellement forts.

Certains nous rappelaient le discours de Bonaparte à Nice en 1796 :

« Soldats.....Je vais vous conduire dans les plus fertiles plaines du monde....Vous y trouverez honneurs, gloire, richesses. Toute l'infanterie, l'artillerie, la cavalerie porteront des branches de chêne à leurs chapeaux en signe de la victoire que l'armée remportera sur ses ennemis ».

En 24 heures, tous les corps d'armée qui regardaient l'Angleterre, prêts à l'embarquement, firent demi-tour et se précipitèrent sur l'Allemagne.

Voici l'armée partie pour le Rhin.

Les corps d'armée de Bernadotte, Marmont, Davout, Soult, Lannes, Ney, Augereau venant de Brest se sont déchaînés. Ils étaient surnommés « les sept torrents ». Murat avec 44.000 cavaliers ouvrait la marche à travers l'Allemagne effarée.

L'Empereur a dicté à son intendant général Daru, pendant toute une nuit, tout le plan de la campagne : les mouvements des divers corps, les cantonnements, même la stratégie des batailles.

Il a pris soin de tout dans les moindres détails, y compris la qualité et la quantité d'eau nécessaires pour cuire la soupe et l'usage qu'il fallait faire des os.

Il est vrai que nourrir 200.000 hommes en déplacement incessant, en guerre, dans des régions dévastées, n'était pas une petite affaire.

Il prévoyait.

Il a dicté lui-même des lettres de commande.

« *D'ici à 15 jours, vous devrez livrer à Augsbourg :*
1.000.000 de rations de biscuits et 2.000.000 de rations complètes.
300.000 boisseaux d'avoine et 10.000 pintes d'eau de vie. De la farine pour faire cuire 80.000 rations par jour. » Une ration c'est : 750 gr de pain, du biscuit, de la viande fraîche ou salée, du lard, du riz, des légumes secs, du sel.

En 25 jours, l'armée a parcouru 550 km, soit 22 km par jour !

Nous allions partie à cheval, partie à pied à côté de notre monture pour la ménager.

Mais les fantassins étaient à bien rude épreuve ! En plus de leurs armes et des munitions, ils portaient un sac de plus de 25 kg. Leurs colonnes partaient au lever du jour. Un vieux sous-officier marchait en tête. Chaque heure on faisait cinq minutes de pause, « la pause des pipes » ; une grande halte d'une heure pour le casse-croûte. On cantonnait le soir par 3 ou 4, à la ferme.

La fatigue était grande. Un soldat de la Garde à pied a écrit :

« *Jamais on n'a fait une marche aussi pénible. On se tenait par rangs les uns aux autres pour ne pas tomber ; ceux qui tombaient, rien ne*

pouvait les réveiller. Il en tombait dans les fossés. Les coups de plat de sabre n'y faisaient rien du tout ».
Marche de jour, marche de nuit.

Ils traversaient l'Europe à pied, du Nord au Sud et d'Ouest en Est, et ils continueront pendant quatorze ans, dans la boue ou sous le soleil, avec des uniformes souvent en lambeaux, les semelles trouées, mal nourris et harcelés par les sous-officiers.

En plus, ils devaient se battre.

En Allemagne, la pluie a ruisselé des deux côtés des bicornes et transpercé les habits. Le docteur Larrey, chirurgien de la Garde a écrit à sa femme :

> « Mais que de souffrances nous avons eues à essuyer, ma bonne amie, nous avons marché pendant trois ou quatre jours dans l'eau et la boue jusqu'au ventre des chevaux accablés, sous une neige fondue qui n'a cessé de pleuvoir depuis notre départ d'Augsbourg jusqu'à présent les combats qui ont eu lieu au passage du Danube et devant Ulm. »

En campagne

Il fallait de temps à autre faire sa toilette. Mais c'étaient nos fesses de cavaliers qui étaient l'objet des soins les plus attentifs.

> « Pour protéger ma peau des blessures ordinairement occasionnées par un voyage aussi pénible, j'avais l'habitude de prendre à chaque relais un léger bain de siège d'une petite minute dans la fontaine la plus voisine. »

En campagne, faire ses besoins pouvait être un réel problème, surtout sur le champ de bataille. Le capitaine Coignet raconte :

« *L'envie me prend et défense d'aller en arrière. Il fallait se porter en avant de la ligne de bataille. Arrivé à la distance voulue pour mes bienséances, je pose mon fusil à terre et me mets en fonctions le derrière à l'ennemi. Mais voilà un boulet qui fait ricochet et m'envoie beaucoup de terre sur le dos.* »

En Russie pendant la retraite, il faisait si froid que les soldats avaient décousu le pantalon entre les jambes et on faisait dedans, par crainte de ne pas pouvoir remonter les bretelles, tant les doigts étaient gourds.

En campagne, nous avions dans notre sac comme provisions quatre jours de biscuit et de pain.
On faisait maigre trois jours sur sept et on n'avait droit le soir qu'à des légumes secs, du riz et du fromage.
La soupe était le repas préféré, car il était chaud.
Nous devions la préparer à tour de rôle pour un groupe de huit hommes. Cette préparation était bien surveillée, car on craignait le vol. On la cuisait dans de grandes gamelles en fer, bien lourdes. Ce n'est que pendant la campagne de Russie que, las de marcher, de porter, incapables de faire un feu et surtout de trouver quelque chose à cuire, les gamelles ont été sacrifiées et jetées au bord des chemins. Nous les avons remplacées par les cuirasses des cuirassiers ou des boîtes à mitraille qui ont alors fait un meilleur effet, car on pouvait s'en séparer. Pour manger le repas, nous nous groupions par huit autour de la gamelle. Le caporal commençait, et après lui chacun plongeait sa cuiller à tour de rôle en commençant par le plus ancien.
Le soir, on jouait aux cartes, à la comédie, à la paume, on disait des vers, on jouait au loto, aux quilles, aux boules.
Le jeu du chat et du rat se jouait à deux. Le chat portait un bâton et tentait les yeux bandés de frapper le rat.

Après quelques jours de marche, l'armée ressemblait plus à une bande de vauriens qu'à un corps constitué. On voyait des soldats aux uniformes disparates, parfois en habits civils, une cuiller étamée dans la ganse du bicorne, portant deux bouteilles de vin au dessus du sac ou dans le bonnet à poil des grenadiers, des chapelets de saucisses autour du cou ou de la taille, des boules de pain et des poulets fichés sur les baïonnettes, tandis que brinqueballaient sur les côtés des petits sacs de riz attachés aux baudriers. Ils poussaient devant eux des bœufs, des porcs, des chèvres, des vaches, volés aux paysans qui fournissaient, au fur et à mesure des besoins, lait, fromage et viande !

En fait l'armée vivait de pillage.

« L'ennemi est comme la gerbe de blé. Plus on le bat, plus il rend.... »

Les armées de Napoléon, une fois qu'elles étaient en campagne, ne recevaient que très rarement des distributions. Chacun vivait sur le pays comme il pouvait. Cette méthode avait un avantage immense, celui de nous permettre de pousser toujours plus en avant sans être embarrassés des convois et des magasins et cette grande mobilité nous donnait une très grande supériorité sur l'ennemi.

Un jour, le village d'Ebersberg, voisin de notre campement, avait été incendié. Les tonneaux et les barriques, les pains, les pièces de lard, les légumes, tous les comestibles enfin, avaient été mis à l'abri du feu et jetés pêle-mêle avec le linge, les vêtements et les meubles ou les ustensiles de cuisine.

En un instant la route du camp fut jonchée des débris de ces approvisionnements, dont chaque porteur jetait une partie à mesure que le fardeau lui paraissait trop lourd. Ce ne fut qu'un train de fruits, de choux, canards, marmites, jambons, linges, oies grasses, vêtements et livres. Car beaucoup d'entre nous étaient lettrés et trouvaient du plaisir à lire.

Dans notre excès de gaieté, beaucoup d'entre nous s'étaient affublés de vêtements de femmes et de jeunes filles par dessus leur uniforme. À cheval sur l'âne d'un paysan et coiffé d'un poêlon ou d'un couvercle, un de nous emportait aussi un agneau, un sac de légumes, la broche du curé et la poupée d'une petite fille….

Nos figures noircies à grosses moustaches, déguisés sous le bonnet, le corset et le jupon court des paysannes, nous dansions et nous rions aux éclats à côté des propriétaires qui pleuraient à chaudes larmes.

La vie de tous les jours, en période de combats était remplie de situations imprévues, dangereuses, mortelles pour certains.
Il fallait en permanence faire attention à chaque maison, chaque détour de chemin, chaque bois, qui pouvaient cacher une troupe ennemie fondant sans crier gare ou plutôt en poussant des hurlements terrifiants, autant pour se donner du courage que pour nous faire perdre le nôtre. Il y en a eu tellement que j'en ai oublié la majorité.

J'ai retrouvé dans les mémoires de certains officiers la description de quelques faits d'armes auxquels j'aurais pu participer ou dont j'aurais pu être un des acteurs.

Le 23 septembre 1805, au passage du Rhin, l'un d'entre nous a sauvé la vie de son capitaine qui manquait de se noyer. Ce capitaine l'avait cassé de son grade de sous-officier quelques jours auparavant pour cause d'ivresse. Le cheval de cet officier avait été effrayé par la chute dans l'eau d'un boulet tout près de lui. Il avait fait un écart et vidé son cavalier. N'écoutant que son devoir, notre ami avait pu rattraper par sa queue le cavalier et l'avait porté sur la rive pour lui donner des soins. Napoléon informé l'a appelé.
« Mais, Sire, je n'ai fait que mon devoir. Mon capitaine m'avait cassé de mon grade pour quelque faute de discipline, mais il sait que je suis un bon soldat. »

Napoléon lui rendit ses galons.

À Ulm, après avoir pris le pont de Gunzbourg, le général Ney occupait le pont d'Elchingen.

Pendant la soirée qui précéda la bataille, l'Empereur est venu vers nous. Nous nous chauffions autour d'un feu. Il bavarda un moment, en présentant son dos à la flamme. Il s'était si bien approché de la chaleur que sa célèbre redingote grise a brûlé.

Mon escadron de 290 chevaux est parti avec lui jusqu'à Ober-Elchingen, avec deux canons. Nous avons enlevé le poste avancé défendu par 600 hommes et deux canons. En nous retirant, nous avons retiré les planches du pont.

Le 14 octobre, avec le 10° chasseurs, sous la direction du colonel Colbert, nous passions le pont d'Elchingen qui avait été rétabli. Nous avons été agressés et pris de flanc par deux bataillons ennemis, une forte partie. Nous étions menacés. Il y a eu 55 tués ou blessés, et 10 prisonniers démontés. Notre chef d'escadron Dromont, qui chargeait à notre tête a reçu une balle au cou et a été démonté. Cela nous a galvanisés. Nous avons renouvelé la charge. Nous avons rapporté à notre colonel en triomphe, cinq canons, deux drapeaux, et les deux bataillons ennemis faits prisonniers.

Le lendemain de la bataille, l'Empereur qui avait son quartier général à l'abbaye d'Elchingen, reçut le colonel Colbert qui lui présenta les deux porte-drapeaux. L'un s'appelait Pim et l'autre Dopplé. Qu'est ce que tu es, dit l'Empereur à Pim ? Brigadier. L'Empereur lui donna la croix. Puis à l'autre : et toi ? Cordonnier répondit l'autre. L'Empereur ordonna qu'on lui donne 10 louis.

Au retour dans nos cantonnements nous leur avons fait une belle fête, bien arrosée.

Le maréchal Mack livra la place d'Ulm le 19 octobre 1805 et se constitua prisonnier avec ses 30.000 hommes, 18 généraux et 80 étendards. Après cette capitulation, le 3° hussards et le 10° chasseurs pénétrèrent dans le Tyrol, à la poursuite du Prince de Rohan, commandant un corps d'armée autrichien. Colbert fut nommé général de brigade à cette époque.

Vienne, Brünn, et enfin, Austerlitz.

Austerlitz

Je n'ai pas participé à la bataille d'Austerlitz. Elle manque à mes titres de gloire. Notre bataillon était en réserve à quelques kilomètres. Nous avions beaucoup combattu les jours précédents et il fallait nous remettre un peu. Mais les camarades m'ont raconté.

L'armée était arrivée épuisée. Il fallait marcher, marcher encore, toujours plus vite, toujours plus loin. Certains régiments avaient la moitié de leur effectif qui traînait sur les routes. Les troupes étaient dispersées sur 140 km.

Le 30 novembre au soir, Napoléon fit une inspection des positions. Il avait une conjonctivite qui enflait ses paupières et il n'y voyait pratiquement pas. Ses aides de camp lui commentaient le théâtre des opérations. Il trébuchait sur des souches qu'il ne voyait pas dans le brouillard.

C'est alors que l'histoire et la conjonctivite ont rencontré la légende. Pour éclairer la marche de l'Empereur, un grenadier du 46° de ligne a ramassé une poignée de paille, l'a fixée sur un bâton et y a mis le feu. De proche en proche, d'autres l'ont imité.

> « Figurez-vous les cent mille hommes placés en ligne de bataille et sur trois rangs, occupant les collines, bordant la plaine qui nous séparait de l'ennemi ; figurez-vous dis-je, tous les soldats portant un brandon de paille enflammée à la main, et l'élevant sur leurs têtes pour saluer l'Empereur : c'était le plus brillant tableau que l'imagination pourrait supposer. Ils criaient : Nous vaincrons, nous mourrons, vive l'Empereur ! Vive l'Empereur ! »

Le 2 décembre 1805, la bataille s'engagea par l'assaut des troupes Austro-russes sur le plateau de Pratzen.

> « L'empereur commandait en personne, parcourait tous les rangs et se trouvait à toutes les actions. Sa marche était si rapide que très souvent je l'ai vu seul au milieu des combattants. »

La charge des grenadiers à cheval a été un moment inoubliable et un spectacle terrible et grandiose. Lorsque le général Rapp a dégainé son long sabre courbe, les grenadiers à cheval et les Mamelouks de la Garde ont chargé les chevaliers-gardes du Tsar, dont la troupe était composée de la plus grande noblesse de Russie, en s'écriant :

« Faisons pleurer les dames de Saint Pétersbourg ! »

Ce général, tête nue, l'écume aux coins des lèvres, couvert du sang de ses blessures, ramena prisonnier le prince Repnine avec quarante drapeaux qu'il jeta aux pieds de Napoléon.

À 4 heures de l'après midi, tout était terminé. Les Russes s'enfuyaient et se noyaient dans les étangs gelés dont la glace avait été brisée à coups de canon.

Le soir, à 11 heures, l'Empereur visita les blessés. Il était seul, s'arrêtait auprès de chacun, lui versait un gobelet d'eau de vie de sa propre cantine, l'encourageait en lui glissant plusieurs pièces d'or, puis se rendait auprès du prochain qui l'appelait et ordonnait qu'un factionnaire veille auprès de chacun d'eux.

Après chaque bataille, il fera de même. Certains disent l'avoir vu pleurer.

« La paix ne peut être éloignée, mais comme je l'ai promis à mon peuple avant de passer le Rhin, je ne ferai qu'une paix qui nous donne des garanties et assure des récompenses à nos alliés. Je vous ramènerai en France. Là vous serez l'objet de mes plus tendres sollicitudes, et il suffira de dire : « J'étais à la bataille d'Austerlitz »

pour que l'on vous réponde : « Voilà des braves ! »

La bataille d'Austerlitz, la première des grandes campagnes de l'Empereur, a été très certainement la plus belle. Non pas parce que nous avons obtenu la victoire, mais parce que celle-ci a été acquise avec le moins de pertes humaines, grâce au génie tactique de Napoléon. Pensez : 1.200 français tués, contre 7.000 chez l'ennemi.

Le nombre des morts et des blessés va ensuite augmenter de façon terrible, pour aboutir aux grands massacres de Wagram, de Borodino. Mais nous n'y pensions pas encore.

Le docteur Dominique Larrey

Nous avions la chance d'avoir, comme chirurgien en chef de la Garde, le docteur Dominique Larrey, dont la science et le dévouement ont permis de sauver une multitude de blessés. Laissez-moi vous en parler un peu.

Il a réorganisé complètement le secours des blessés sur les champs de bataille, ce qui a augmenté considérablement leur survie. Ce chirurgien célèbre et adoré par la troupe, a véritablement inventé les soins modernes aux blessés, en s'efforçant de les traiter le plus rapidement possible.

Lors de chaque bataille, il disposait son antenne chirurgicale le plus près possible de la zone des combats et ses ambulances mobiles lui amenaient les blessés, parfois seulement quelques minutes après la blessure. Voici pourquoi ce chirurgien était si célèbre parmi les soldats.

Il écrivait tous les jours quelques feuilles relatant tant le déroulement des combats que l'organisation des soins et le traitement de certains blessés. Les longues lettres envoyées à sa femme restée à Paris, nous donnent aussi des détails bien plus précis que le texte de ses mémoires, écrites longtemps après.

> « En 1793, les règlements militaires portaient que les ambulances se tiendraient constamment à une lieue de l'armée. On laissait les blessés sur le champ de bataille jusqu'après le combat, puis on les réunissait dans un local favorable où l'ambulance se rendait aussi promptement qu'il était possible.....Elle n'arrivait jamais avant vingt quatre heures, quelque fois trente six heures et davantage ; en sorte que la plupart des blessés périssaient faute de secours.....Ce qui me donna l'idée d'établir une nouvelle ambulance qui fût en état de porter de prompts secours sur le champ de bataille même. Je fus autorisé à organiser cette ambulance, que je nommai ambulance volante. Je conçus un système de voiture suspendue, qui pût réunir à la solidité, la célérité et la légèreté. Depuis ce moment, j'ai toujours vu avec calme les combats et batailles auxquels j'ai assisté. »

Ces ambulances étaient de petites charrettes munies de grandes roues tirées par un cheval. On pouvait y disposer plusieurs blessés. Elles contenaient les pansements et les médicaments.

Une ambulance du docteur Larrey

Le chirurgien se déplaçait en portant ses instruments sur son propre cheval.

« Je me féliciterai toujours d'avoir été enlever sous le feu d'une batterie ennemie, à la tête d'une escorte de cinq dragons, quatre volontaires qui gisaient dans la mêlée, les jambes fracassées, et que des barbares étaient en train de dépouiller. Les Prussiens avaient alors l'habitude d'enlever les habits de nos blessés et de les égorger ensuite. Je chargeai ces cannibales avec mes dragons, les dispersai et enlevai les blessés à demi-morts dans mon ambulance volante, malgré la volée de coups de canon que nous envoya la batterie. Je n'eus qu'un dragon démonté.

Je les conduisis dans un ravin qui était à l'abri du feu, et les opérai immédiatement avec le plus grand succès, et ils guérirent tous les quatre. »

En Janvier 1806 nous étions à Vienne.

La Garde est revenue en France, par petites étapes de 4 lieues par jour, avec un repos tous les trois jours. Une villégiature !

Notre régiment est resté sur place, cantonné autour de Salzbourg et nous avons profité du calme.

Nicolas Auguste EMERY

Salzbourg

13 Frimaire an XIII[11]

Chère Marie Françoise,

Les gazettes vous ont annoncé la grande bataille qui a eu lieu à Austerlitz le 9 frimaire dernier. Cette victoire a décidé de la fin de cette campagne. Mais il y a eu beaucoup de morts et de blessés.

Mon escadron n'était pas présent sur le champ de bataille. Nous avons combattu aux environs pour empêcher les renforts ennemis d'arriver et pour poursuivre les fuyards.

Je ne suis pas blessé.

La gloire est un plaisir immense. Mais je ne peux oublier les amis morts pour obtenir la victoire.

Je vous aime.

Nicolas Auguste

---

[11] 6 décembre 1805

Entre Salsbourg et Berlin

Nicolas Auguste EMERY

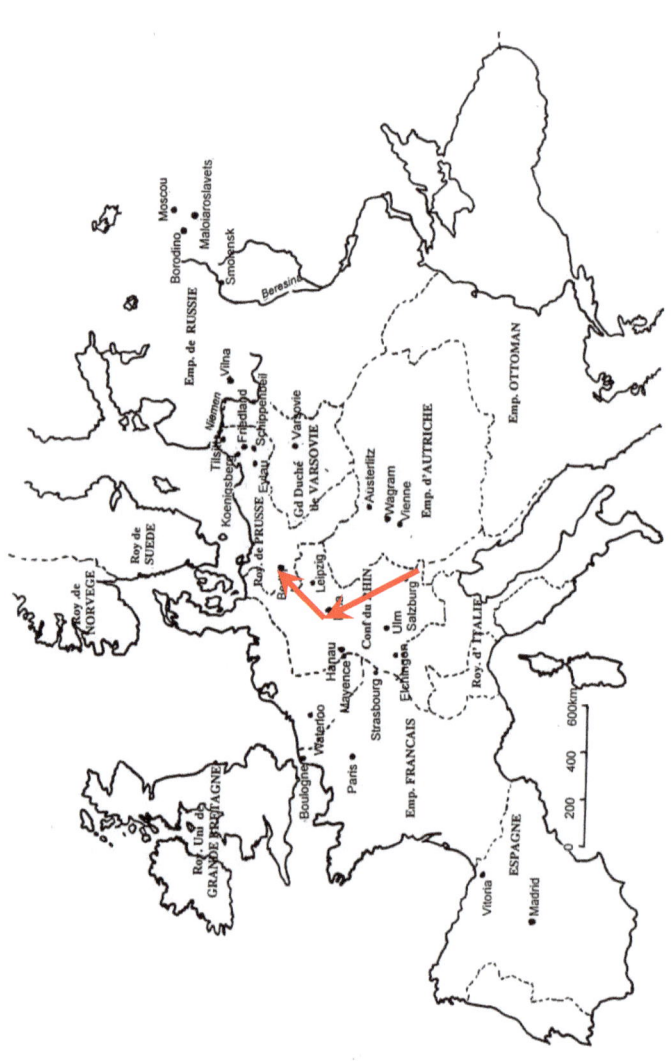

Après Austerlitz, le 3° hussards et le 10° chasseurs ont été cantonnés autour de Salzbourg.

Nous pensions que la guerre était finie. Nous avons profité du calme. Les officiers se rendaient visite en calèche. Ils recevaient chez leurs hôtes autrichiens qu'ils chargeaient des dépenses et dont ils buvaient la réserve de vins fins.

Nous participions aux moissons, nous dansions avec les filles.

Pourtant, quelques uns de nos officiers se plaignaient de n'avoir pas poursuivi l'ennemi jusqu'à sa destruction complète, au moins en faisant des prisonniers. Ils craignaient que l'ennemi, seulement affaibli, reprenne les hostilités. Ils avaient raison.

Pendant neuf mois, nous avons été au repos sur place. Nous étions hébergés dans des fermes, chargés de la surveillance d'une population sans hostilité, qui ressemblait à celle de chez nous.

Nous faisions régulièrement des exercices. L'Empereur nous visitait. Il regardait tout, inspectait la pharmacie, vérifiait lui-même les outils pelles et pioches, ouvrait les caissons de munitions, montait sur les toits des fourgons pour éprouver leur solidité.

Nicolas Auguste EMERY

Salzbourg

24 Juin 1806
À Mademoiselle Marie Françoise Lebrun

Chère Marie Françoise,

J'ai écrit la date de cette lettre avec les indications de l'ancien calendrier. L'Empereur a décidé de cesser d'utiliser le calendrier révolutionnaire qui donnait trop de complications dans les relatons internationales.

La guerre est finie. Nous sommes au repos dans une campagne verdoyante et riche.

Je suis hébergé avec quelques autres hussards dans une ferme où il y a des vaches et des cochons. Nous participons aux travaux des champs et aux soins des bêtes.

Comme l'amitié est facile avec ces gens dont la vie est si semblable à la nôtre !

Dans la famille où je loge, il y a de nombreux enfants. Deux jeunes filles sont en âge d'être mariées. Elles ont des fiancés qui habitent dans les fermes voisines.

Elles sont plus grandes que les filles de chez nous. Leurs cheveux sont blonds, tressés en nattes. Leurs yeux bleus leur donnent un regard poétique. Elles sont habillées de robes brodées de couleurs vives. Leurs amis portent des culottes en cuir attachées par des bretelles. Ils portent des chapeaux de feutre vert. Les enfants portent des sabots de bois comme les nôtres.

Lors des marchés et des foires, les paysans vont vendre leur bétail. Ils boivent beaucoup de bière, dans des pots qui contiennent jusqu'à un litre de liquide. Leur retour à la ferme le soir est souvent difficile. Ce sont les chevaux qui tirent la charrette et qui connaissant le chemin les ramènent à la maison.

Hussard de l'Empereur

Malgré la guerre, les villageois aiment danser au son des violons et des tambourins. Nous sommes invités. J'ai appris les danses de ce pays. Si ce n'était votre souvenir, Marie Françoise, je pense que la vie ici pourrait être vécue avec bonheur.

Je croyais pouvoir revenir. Hélas les ordres nous maintiennent ici. Nous sommes déçus.
L'Empereur craint d'être attaqué par surprise. Il pense que nous devons rester pour contenir l'armée de l'Empereur d'Autriche.

Marie Françoise, je vous aime.

Nicolas Auguste

La guerre a repris en septembre 1806.

L'Empereur d'Autriche exigeait que Napoléon évacue les territoires qu'il avait occupés. Le roi de Prusse voulait lui aussi la guerre. Les officiers prussiens qui n'avaient pas participé aux combats, pensaient qu'ils ne feraient qu'une bouchée de l'armée française. Ils allaient aiguiser leurs épées sur les marches de l'Ambassade de France.

Avant même d'obtenir la réponse de Napoléon aux exigences d'évacuation, leurs armées sont entrées en campagne.

Il commençait à faire froid.

Au cantonnement, nous avions pour nous chauffer des poêles en fonte, et nous y faisions brûler de la paille. Il y a eu de nombreuses asphyxies par l'oxyde de carbone.

Le 8 octobre 1806, le Maréchal Ney et le général Colbert qui commandaient le groupe du 3° hussards et du 10° chasseurs avec le colonel Laferrière et le Chef d'Escadron Dromont, aidés par le 25° de ligne et six canons nous ont conduits à camper devant Iéna.

La bataille d'Iéna. La charge de la cavalerie

C'est au cours de la bataille d'Iéna le 14 octobre que j'ai participé à la première grande charge de cavalerie de ma carrière.
Le général Colbert, à la tête du 3° Hussards et du 10° Chasseurs a fait sur l'infanterie ennemie plusieurs charges qui ont eu le plus grand succès. La cavalerie française a prouvé à Iéna qu'elle n'avait plus d'égale.

La charge….[12]
La charge est l'instant suprême où l'on n'a d'autres amis que son cheval, son sabre et Dieu.
Le sabre, le cheval, ….Où est Dieu ?
Les ordres se succèdent.
Escadron, en selle !
La trompette sonne l'ordre.
Je me coiffe de mon colback, je mets le pied à l'étrier et je m'installe sur la selle, en laissant pendre la sabretache en cuir rouge, frappée de l'aigle impérial et du numéro du régiment sur ma cuisse gauche. La main droite sur le sabre ; la gauche tient les rênes.

En marche !
Nous allions au pas, en colonne par quatre, étrier contre étrier, chaque rang collant à la croupe du précédent, avec un officier pour

---

[12] Texte inspiré du livre : Le hussard ; Arturo Perez-Reverte
Le Seuil 2005

12 hommes, placé sur le côté devant ou derrière, mais toujours en tête pour la charge.

La colonne marchait lentement, les sabots des chevaux faisant résonner les pierres en un bruit de torrent.

De l'autre côté du bois, on entendait le canon.

Nous arrivions au sommet d'une colline. Les trompettes ont sonné la formation en ordre de bataille.

De l'autre côté, les ennemis étaient bien visibles. Leur troupe se rassembla aussitôt en carré. Le premier rang mit un genou à terre, le deuxième rang debout derrière, tous les deux les fusils pointés vers nous.

Notre commandant mit sabre au clair et, désignant de sa pointe l'ennemi, commanda:

« Escadron du 3° hussards,…au pas ! »

Nous étions en deux rangs serrés de cinquante hommes environ. Notre escadron avança encore un peu et s'arrêta à deux cent mètres environ du carré des ennemis. Le commandant était devant le porte-drapeau, le porte-trompette derrière lui ; à sa gauche et à sa droite les deux officiers les plus anciens.

« Escadron du 3° hussards,….au trot ! »

Nous avancions comme à la parade, attentifs à conserver les distances avec nos voisins, sans trop regarder les lignes ennemies, fusils et baïonnettes dirigées vers nous en un mur qui paraissait infranchissable. On entendait déjà siffler des balles. Mais elles étaient tirées de trop loin et s'enfonçaient dans la boue en un léger ploc. Les boulets ronflaient et jetaient sur nous une pluie de terre.

Nous nous sommes arrêtés à nouveau. Les carabines sont sorties des fontes.

« Première compagnie, en Joue….Feu ! »

Notre décharge s'est confondue avec celle des ennemis. On ne voyait plus leur ligne à cause de la fumée. Des chevaux se sont écroulés. Des hussards sont tombés blessés, rampant vers l'arrière pour éviter d'être piétinés.

« Officiers à vos postes ! 1° escadron du 3° hussard au pas ! »
« Premier escadron au trot ! »
Le bruit des sabots des chevaux devenait intense. Nous avancions le sabre dans la main droite, encore silencieux.

« Premier escadron au galop ! »
On voyait maintenant les rangs ennemis et on devinait leur visage. Leurs soldats rechargeaient en toute hâte les fusils en poussant poudre, bourre et balles avec les longues baguettes. Ils furent prêts avant notre arrivée et purent faire une deuxième décharge plus meurtrière car déclenchée à une centaine de mètres seulement.

Le commandant pointait son sabre. Notre ligne régulière commença à se désagréger, car certains devançaient les autres. Les cris, les hurlements encourageaient la colère.

Le trompette sonna la charge, ordre d'attaquer à volonté, chacun devenant maître des coups qu'il allait porter et tentant de se protéger lui-même. Il n'y avait plus moyen d'échapper. Les chevaux, eux-mêmes au comble de l'excitation, presque de l'affolement, filaient droit devant, sans tenir compte de la direction des rênes. Il fallait franchir cette distance ultime dans laquelle les fusils des ennemis pouvaient encore entrer en jeu.

Dix mètres. La première rangée ennemie tira une dernière décharge. Les camarades qui tombèrent furent encore plus nombreux. Mais on ne les comptait pas. On ne s'occupait pas d'eux ; on arrivait sur l'ennemi et les sabres commencèrent à entrer en action dans des mouvements sauvages d'abattement, de tournoiement, de lambeaux d'étoffes, de chair et de sang.

Sabrer, égorger, mordre, hurler. Cris, détonations, choc des sabres, bruit mou des baïonnettes, chutes des chevaux, des cavaliers, des hommes, éventrés, sanglants, hagards de terreur dès que le combat leur devenait impossible du fait des blessures, piétinés sans le savoir par ceux qui allaient tomber quelques instants plus tard.

Et puis, brusquement, une sorte de silence. Il n'y avait plus d'ennemis autour de nous. Nos chevaux nous avaient entraînés en dehors du carré ennemi, au-delà des limites du combat.

« Premier escadron du troisième hussard, chargez…chargez ! »
Nos chevaux purent faire demi-tour et le carnage recommença.
Nos uniformes étaient couverts de sang. Nos visages à peine reconnaissables, maculés du noir de la poudre, du gris de la boue et du sang qui le recouvrait.

Le carré, clairsemé, tirait encore avec une plus grande efficacité, car nous étions plus proches. Nos rangs aussi s'éclaircissaient. La victoire appartiendrait à ceux qui resteraient le plus longtemps.

Quelque chose passa en sifflant. Ma joue droite brûla. Le trompette sonnait toujours la charge.

« Chargez…. ! » Ce cri du commandant toujours devant les autres. Nous avions à peine besoin de l'entendre, soulevés par la douleur, la poudre, les cris, la nécessité de sortir vivants de cet enfer.

Nous avons recommencé encore une fois, puis une autre encore, à sabrer, couper, tuer, dépasser le carré ennemi et revenir.

Le carré était défait.
L'infanterie accourait. On criait « Vive l'Empereur ! »

La mêlée de la bataille avait entraîné de nombreuses blessures.
Certains blessés avaient reçu vingt coups et un chasseur en avait reçu 24.
J'ai eu la chance de n'en recevoir qu'un.

Le trompette sonna la poursuite : pas de quartier. Il fallait tuer le reste des ennemis.

Quelle horreur.

Les malheureux commencèrent à courir, tenant leurs fusils puis les abandonnant pour aller plus vite. Nous les poursuivions et les atteignions un par un, pour leur donner le coup de sabre mortel. Certains levaient leur visage vers celui qui allait les tuer, et ce visage n'exprimait pas la peur mais une haine qui regrettait seulement de ne pouvoir s'exprimer autrement.

Après cette charge, à la fin de la bataille, ordre fut donné de suivre les ennemis en « poursuite rayonnante », c'est à dire dans toutes les directions en train d'enfer. Nous avons ainsi détruit l'armée prussienne et fait 110.000 prisonniers.

De la Saale à l'Oder, nous avons semé l'épouvante dans les troupes prussiennes en retraite. Nous avons parcouru plus de 1.160 km en 25 jours.

Nous ne craignions plus rien ni personne, on nous craignait partout.

Après la capitulation de Breslau, le général Lassalle à la tête de sa « brigade infernale » composée du 5° et du 7° hussards s'est présenté avec 700 cavaliers devant la forteresse de Stettin gardée par 5.500 hommes et une forte artillerie.

Il somma la place de se rendre. Les Prussiens, impressionnés et croyant voir toute l'armée, ont capitulé.

Nicolas Auguste EMERY

Une étrange rencontre

J'étais avec ma patrouille de 20 hussards à la recherche de fuyards, pour les tuer, les faire prisonniers, et piller leurs bagages.

C'est alors que nous avons aperçu une calèche d'apparence assez riche, menée par quatre chevaux superbes. Nous nous sommes approchés et quelle fut notre surprise de découvrir à l'intérieur une jeune femme très élégamment vêtue, seule. Elle se mit à crier qu'elle était la reine Louise, femme du roi de Prusse, qu'elle s'était enfuie, laissant ses enfants et son mari. Elle nous pria de l'épargner. Elle voulait gagner l'Angleterre par le port de Königsberg. Après avoir vérifié que ses coffres ne contenaient aucune richesse, nous avons préféré la laisser partir, ne sachant pas comment nous pouvions nous embarrasser d'une prisonnière si célèbre, dont le régiment n'aurait rien à faire. Et puis, son escorte qui comprenait 60 cavaliers ne devait pas être loin. Ils ne pouvaient pas suivre le train d'enfer de sa voiture.

Avec un gracieux sourire, elle nous a fait ses adieux et la voiture a disparu.

Son histoire est triste.
Les Prussiens ne pensaient pas qu'une défaite fut possible. Et pourtant c'est ce qui s'était produit à Iéna.
La reine Louise était une femme très courageuse. Au moment de la négociation de paix de Tilsitt, elle intervint auprès de Napoléon en pleurant pour obtenir la paix.
Elle put rejoindre ses enfants qui avaient contracté le typhus. Elle le contracta elle-même et mourut quelques années plus tard à l'âge de 34 ans, probablement d'une complication cardiaque de cette maladie.

Nous sommes entrés à Berlin

Notre armée est passée sous la célèbre porte de Brandebourg.
Les habitants n'en croyaient pas leurs yeux.
Ce n'était pas une grande armée, mais une sorte de bande d'hommes armés qui ressemblaient plutôt à des bandits et des pillards. Il est vrai qu'au cours de ces marches infernales, le ravitaillement ne pouvait pas suivre, les vêtements usagés ne pouvaient pas être remplacés.

Nous devions assurer notre subsistance quotidienne en prélevant sur l'habitant ce qui nous était nécessaire. Parfois plus et sans retenue.

Seules les munitions étaient acheminées, quand nous ne les récupérions pas sur les réserves prises à l'ennemi.

Le premier soldat qui est passé sous cette porte magnifique et hautement symbolique était un fantassin isolé. Il portait une capote courte et un petit chapeau décati plus rouge que noir. Son pantalon était sale et déchiré. Il était pieds nus dans des souliers troués. Il tétait une mauvaise pipe, en arrachant de temps à autre une bouchée à un quignon de pain. Il avait un chien en laisse, portait un demi pain fiché dans sa baïonnette. À sa ceinture une oie. Sur son chapeau, une cuiller étamée.

Les autres fantassins qui sont entrés triomphalement n'étaient pas mieux vêtus.

Les habitants étaient épouvantés.

Les soldats étaient suivis de chevaux de prise chargés de sacs et de pilleries. Les voitures des vivandières attelées en double suivaient, accompagnées d'une file immense de chariots de marchands et de trafiquants.

Sitôt arrivés, les soldats se sont déchaînés. Nous, la cavalerie légère première venue, avons saisi tout, défoncé les tonneaux pour se remplir un bidon, tué des cochons pour en prendre un seul jambon.

Nos officiers avaient bien de la peine à nous empêcher de courtiser les femmes.

L'Empereur nous a réunis et nous a fait un discours.

Le régiment était placé dans les premières rangées, du fait de notre comportement glorieux. J'ai bien entendu :

« *Soldats, vous avez justifié mon attente. Vous avez supporté les privations. Rien ne saura à l'avenir vous résister. Voici les résultats que vous avez obtenus.*

Le pays que vos pères auraient traversé en sept ans, vous l'avez traversé en 7 jours. Vous avez soumis la Franconie, franchi la Saale, l'Elbe. En quatre combats et une grande bataille vous avez fait 60.000 prisonniers, pris 65 drapeaux, dont tous ceux de la garde du roi de Prusse.

Vous avez pris 600 canons et trois forteresses. Fait prisonniers 20 généraux. »

On nous a raconté que l'Empereur, visitant le château de Sans Souci, s'asseyant dans le fauteuil de l'Empereur Frédéric le Grand, aurait dit :

« *S'il était encore vivant, nous ne serions pas ici.* »

Nous étions fiers. Mais nous n'avions pas oublié nos camarades morts ou blessés.

Plus que tout notre souhait était de rentrer à la maison. Nous commencions à en avoir assez de cette vie de misère, de massacres, de poursuites, de coups de sabres.

La campagne de Pologne

Sans vrai repos, le 22 novembre 1806, nous étions repartis. Le temps était froid et pluvieux.
Nous traversions la Pologne.
Les routes devinrent impraticables.

> « Nous n'avons cessé d'avoir de la pluie sur le corps, et de marcher, jusqu'à la ceinture ou jusqu'au ventre du cheval, dans une boue épaisse où l'artillerie s'embourbait à chaque instant, et où une grande quantité de voitures d'équipage restaient enfoncées.
> Les soldats tiraient à la main leurs pieds emprisonnés par la vase, passant des cordes autour de leurs chaussures pour les tirer et ne point les perdre. Il n'y avait rien à manger. »

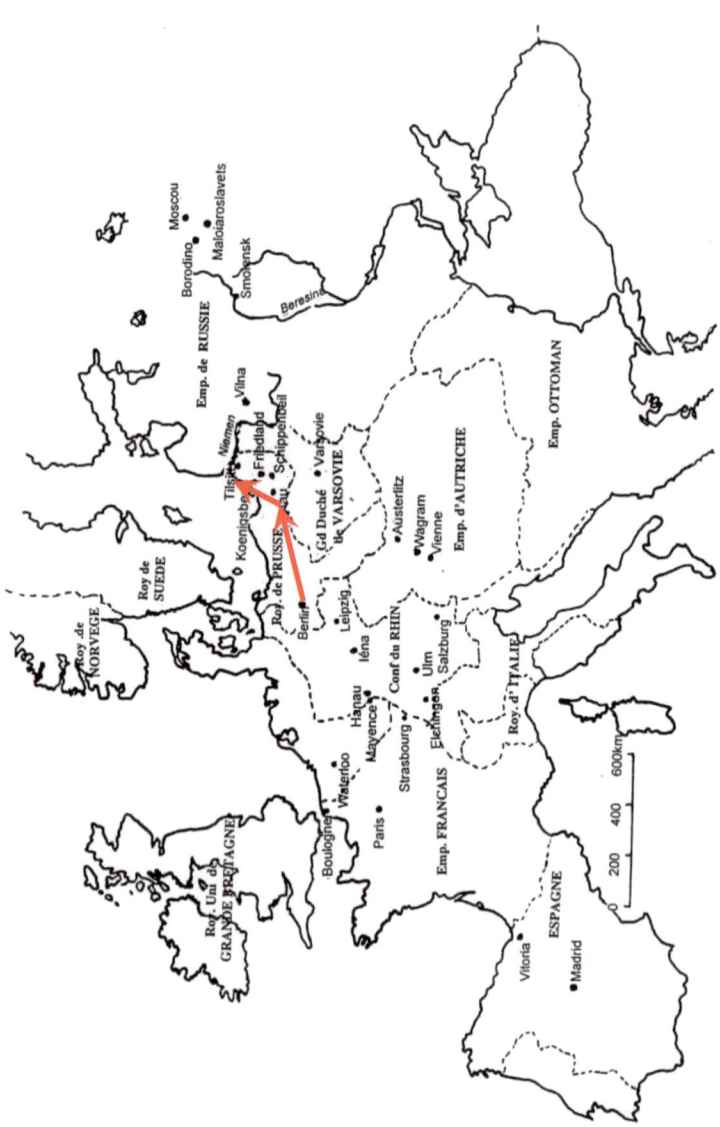

La Campagne de Pologne vers Friedland et Tilsit

La saleté des Polonais était incroyable. Leur dénuement en était la cause. Ils vivaient avec leur bétail pour se tenir chaud.

Tout était caché. L'armée avait toutes les peines du monde à trouver de la nourriture. Nous savions que ces paysans en avaient. Nous devions tout bouleverser pour en trouver. Ils avaient parfois même creusé de fausses tombes pour dissimuler leurs réserves.

C'est dans cette région que Napoléon a appelé ses soldats « grognards », car ils lui demandaient à manger.

Un jour, notre escadron avait pu attraper un énorme cochon qui courait vers nous. Nous l'avons pris, tué et dépecé. C'est alors qu'un officier de la suite de l'Empereur est venu nous le réclamer. L'animal s'était sauvé de ses cuisines. Lui-même informé ordonna qu'on lui en apporte une bonne grillade et que nous pouvions garder le reste.

Notre désespoir était tel qu'il y a eu de nombreux suicides par balle.

L'Empereur était de mauvaise humeur. Un jour, alors qu'il s'était mis dans une de ses épouvantables colères, il monta si vivement à cheval qu'il retomba de l'autre côté.

L'ennemi était caché. Il tirait à loisir les soldats au passage. L'un tombait, disparaissait dans la vase avec son fusil. Les autres continuaient.

Certains soldats se sont isolés. C'était une sorte de désertion temporaire. Ils prenaient des vacances. Ils s'installaient chez les habitants, dans des villages écartés. Ils s'y maintenaient aux dépens des ressources locales et quand celles-ci étaient épuisées, ils se remettaient en route, tentant de rejoindre leur corps. À moins que ce soit les gendarmes qui les retrouvent. Alors ils n'étaient pas punis. On les faisait rejoindre leur troupe.

Nicolas Auguste EMERY

Prisonnier des Polonais

Napoléon imagina une manoeuvre pour vaincre les Russes en un éclair.

Il demanda un hussard volontaire pour porter un message au général Bernadotte. Je fus désigné.

Quelle émotion que celle de recevoir des mains de l'Empereur lui-même ce rouleau donnant des ordres pour vaincre les Russes en une seule manœuvre !

Mais au détour d'un bois, je me trouvai brusquement, sans m'attendre à rien, au milieu du campement de l'état major ennemi. Je n'ai rien pu faire, même pas détruire le papier qui m'avait été confié. J'étais prisonnier. Être prisonnier ne signifiait pas être enfermé dans un camp avec une surveillance étroite. Les armées avaient alors d'autres choses à faire que de surveiller et de nourrir des quantités d'hommes inutiles. On désarmait les prisonniers. On les parquait. On leur donnait à peine à manger et souvent on les oubliait.

C'est ce qui est arrivé pour moi. Quelques jours plus tard, profitant de la brume et d'un crachin pénétrant, je pus voler un cheval et rejoindre mon régiment.

Blessé par une lance

Nous nous sommes battus à Thann, à Fardon Schweidnitz pour garder la rive gauche de la Vistule.

Au combat de Klein Schimauen, nous avons sabré un escadron, pris 2 officiers et 15 cavaliers.

Nous traversions ensuite Otelsbourg en prenant 4 officiers et 60 fusiliers.

Puis le 8 Janvier 1807 ce fut Schippenbeil, une défaite dont nous ne nous sommes pas mal tirés.

Nous allions trop loin, trop vite. L'ardeur de notre général Colbert n'avait pas de limites, surtout depuis qu'il avait été nommé gouverneur de Magdebourg, dont il attendait un revenu substantiel, qu'il ne verra jamais venir.

Inquiet du sort d'une colonne du 3° Hussards qui venait de Schippenbeil, il envoya à sa rencontre un bataillon de grenadiers et deux pièces de canon. En effet, près du village de Porwangen sur la route d'Heilsberg à Seeburg, notre régiment avait été serré de près. Mon escadron s'étant laissé entraîner par son ardeur, avait été ramené. Le bataillon envoyé à notre rencontre, chargeant l'ennemi à la baïonnette, le culbuta.

C'est là que j'ai reçu ma première blessure sérieuse le 20 Janvier 1807. Un coup de lance.

Napoléon ne découvrit l'intérêt des lances qu'après la bataille d'Austerlitz. Lors d'une charge contre les Uhlans de Schwartzenberg, ceux-ci ont abandonné leurs lances. Les chevau-légers les ont ramassées et fini le combat ainsi armés. Il aurait dit :

Nicolas Auguste EMERY

« Qu'on leur laisse, puisqu'ils savent si bien s'en servir »

Les lances des cosaques mesuraient plus de 3 mètres.

Je ne connais rien de plus terrifiant qu'une charge de lanciers.

Quand nous les vîmes, ils étaient déjà sur nous. Ils tenaient leur longue lance plantée sur l'étrier gauche, l'extrémité ornée d'une petite flamme.

Ils restèrent un moment immobiles, contemplant le champ de bataille où cavaliers et fantassins se battaient encore en ordre dispersé.

Une trompette retentit, suivie de cris sauvages.

La ligne des cavaliers baissa les lances et s'élança au galop sur nous.

Tous ceux qui le purent se mirent à éperonner leurs chevaux ou à courir le plus vite possible afin de se mettre à l'abri de cette arme la plus redoutable de toutes, car capable de frapper à une distance où les sabres étaient inefficaces.

Ceux qui n'ont pas vu de charge de lanciers ne peuvent pas imaginer le sentiment d'épouvante qu'elle inspire. Les lanciers embrochaient leurs adversaires qui ne pouvaient pas se défendre, déchargeaient une dernière fois leur fusil ou leur pistolet, en sachant que s'ils ne tuaient pas le lancier ou sa bête ils étaient perdus.

Ce jour là j'ai eu beaucoup de chance. J'avais bien remarqué le lancier qui me visait de la pointe de son arme, tenue horizontalement à la hauteur de mon corps. Il hurlait de toutes ses forces. Plus il se rapprochait à la vitesse de son cheval au galop, plus je pouvais voir son visage. Il paraissait certain de me tuer. Mais parvenu à quelques mètres, j'ai vu la pointe de la lance s'incliner vers le bas. Mon ennemi grimaçait de douleur. Il avait du être touché d'une balle à l'épaule. Malgré cela, le choc entre nous deux fut d'une violence inouïe. Nous roulâmes sur le sol, nos armes et nos équipements enchevêtrés l'un avec l'autre. J'eus le premier la présence d'esprit de lui trancher le cou avec mon sabre.

Ce n'est qu'au moment de me relever que je m'aperçus que sa lance avait traversé ma cuisse. Heureusement, je n'avais aucune hémorragie importante, et la mobilité du membre était conservée.

Je bandai ma cuisse, retrouvai mon cheval qui m'attendait, et remontant en selle, je pus rejoindre sans encombre mon unité. Les lanciers ennemis s'étaient évanouis comme ils étaient venus.

Le lendemain 21 Janvier je reprenais ma place dans l'escadron. Il valait mieux combattre blessé qu'attendre une guérison dans une ambulance pas toujours bien confortable, au risque d'une infection. Nos médecins n'étaient pas de la valeur de Dominique Larrey ! Mais j'ai bien souffert.

L'ennemi, qui, pendant toute la journée, avait inquiété nos postes, fit mine de vouloir s'établir la nuit dans les villages d'Eslau et de Lokan. Vers les 8 heures du soir nous attaquions ces villages, et nous le chassions après lui avoir tué du monde, pris deux officiers et 15 hussards russes. Nous l'avons poursuivi jusque deux lieues au-delà, près de Felhay et de Franckenau. Puis nous nous sommes retirés sur Wartembourg et Alt-Wartembourg sans être inquiétés.

Notre général Colbert avec tout son monde, rejoignit le quartier général à Hohenstein le 25 Janvier. Pas un homme, pas un canon n'avait été laissé en arrière.

5 février : Alt-Reichau.

6 février : Hof.
Ce jour du combat de Hof est resté mémorable.
Pour aborder l'ennemi, la brigade Colbert dût franchir un petit pont placé sur un ruisseau marécageux. On ne pouvait passer que par quatre. Le 3° Hussard et le 10° Chasseur le passèrent au galop. Mais nous fûmes repoussés. Le Prince Murat se porta alors en avant avec le cri de : « Vive l'empereur ». Une charge générale eut lieu. Nous avions encore une fois gagné.

Ceux qui ont vu le Prince Murat en grande tenue ont gardé une grosse impression de son équipement. C'était certes un uniforme de l'armée, mais avec tellement de rajouts colorés et de guirlandes dorées qu'on pouvait se demander s'il n'était pas sur le point de jouer une pièce de théâtre.

Ceux qui l'ont vu comme moi au combat ont été encore plus impressionnés. En effet, il avait l'habitude de porter sur lui ses plus beaux bijoux, ses armes de luxe, soigneusement affûtées. Quand on le regardait sabrer, le spectacle de cet homme aux vêtements de toutes les couleurs, bientôt tachés de sang, frappant en hurlant, était incomparable.

A la fin de la journée, faisant son rapport à l'Empereur, Murat dit : « *Sire, je dois les plus grands éloges au Général Colbert et à sa brigade* ». Cela nous fut répété et nous remplit d'orgueil.

Hussard de l'Empereur

Le bel uniforme du Prince Murat

Nicolas Auguste EMERY

La bataille d'Eylau

Ce 8 février 1807, il faisait un froid épouvantable avec une tempête de neige.

Comme les troupes d'Augereau venaient d'être décimées par soixante douze canons de gros calibre, Napoléon fit donner toute la cavalerie de Murat, dont nous faisions partie, et celle de la Garde.

Quatre vingt escadrons, 10.000 cavaliers ont chargé ensemble l'armée russe. C'est la plus grande charge de cavalerie qui ait jamais été faite.

Les trompettes sonnaient, les longs sabres étaient dégainés, les chevaux mis au galop, excités par le bruit infernal des cris des hommes à leurs oreilles, des trompettes, de la fusillade, des salves des canons.

Cette charge était énorme, gigantesque. Grouchy, Milhaud, Murat, D'Hautpoul, tous y étaient.

Tremblement de la terre sous les sabots des chevaux, sonnerie des trompettes, hurlements des attaquants, cris des blessés.

D'Hautepoul avait prévenu l'Empereur de la terrible efficacité de ses cuirassiers.

« *Sire, vous allez voir mes gros talons, ça entre dans les carrés de l'ennemi comme dans du beurre.* »

La charge massive de cavalerie a détruit la première ligne russe, bousculé la seconde qui résistait, sachant que la troisième continuait de faire feu de façon imperturbable, jusqu'à ce que les divisions de fer de Davout leur fassent lâcher prise.

Nous sommes allés si loin, que nous avons dépassé les lignes ennemies. Alors, nous fûmes entourés d'une bande de Russes qui nous criaient « Rendez-vous ! » Le colonel Lepic qui commandait un régiment de la Garde qui chargeait avec nous répondit : « *Regardez ces gueules si elles ont envie de se rendre !* »

Nous avons chargé dans l'autre sens et sommes revenus. L'Empereur était inquiet de nous, mais il disait : « Lepic est avec eux. Ils rentreront. »

Le colonel Lepic, qui était un colosse superbe, se présenta à l'Empereur presque tout dépouillé de ses vêtements, n'ayant plus qu'une botte, couvert de sang et de blessures.

L'Empereur le nomma général, lui donna 50.000 francs en lui disant : « *Je vous croyais pris, général Lepic. J'en avais une peine très vive.* » Et le général de répondre : « *Sire, vous n'apprendrez jamais que ma mort.* »

Le général Lepic fit distribuer aux hommes l'argent qu'il avait reçu.

Les Russes avaient eu 7.000 tués, 20.000 blessés. Ils durent abandonner 5.000 blessés sur place. 24 canons avaient été pris. 16 drapeaux ont été trouvés dans la neige parmi les cadavres. Nous avions eu 7.000 blessés et 3.000 morts.

Avec le docteur Larrey

J'aurais pu être tué au cours de cette journée effrayante. Une certaine chance m'a servi.

Au cours des engagements, mon cheval fut tué sous moi par un boulet. Le reste de l'escadron poursuivait la charge du retour. Il y avait bien des chevaux sans cavalier, tué par une balle, mais affolés ils suivaient les autres. Je ne pus pas en attraper un. Je n'avais plus rien pour me battre que mon sabre, dont on sait que pour un cavalier à pied il n'est pas d'une grande utilité.

J'étais tombé à côté d'une grange à moitié démolie et je m'aperçus qu'il s'agissait de l'endroit choisi par le chirurgien Dominique Larrey pour panser les blessés. Me voyant vivant et ne sachant apparemment que faire, il me fit signe de loin de le rejoindre.

C'est ainsi que je fus pendant deux jours l'un des assistants de ce chirurgien si remarquable.

Voici ce qu'il décrit de cette bataille dont il a dit que c'était « la plus terrible que l'on eut jamais vue. »

> « J'avais dès le matin établi une ambulance dans les granges qui bordent le chemin à gauche, à l'entrée de la ville. Mais malheureusement elles étaient ouvertes de toutes parts, la paille qui les couvrait ayant été enlevée pour les chevaux.
>
> Ces granges étaient percées de toutes parts, les toitures en partie enlevées ou dégradées, en sorte que le vent et la neige y pénétraient de tous côtés.
>
> Il fallut coucher les blessés dans cette paille mêlée à la neige.
>
> Je commençai par ceux qui étaient le plus grièvement blessés, sans avoir égard au rang ni aux distinctions.
>
> Le froid était si violent que les instruments tombaient fréquemment des mains des élèves qui me les servaient pour les opérations.
>
> La nuit était déjà arrivée que nous n'avions pas encore pu satisfaire aux besoins que prescrit la nature.
>
> Nous étions à peine à l'abri des boulets. ....Le froid qui gelait les pieds et les doigts autour de moi, me fut insensible. ....Mes opérations ont été faites heureusement sans nul accident ; la plupart sont enfin parvenues à la guérison. »

Après six heures de bataille, une colonne de 5.000 russes menaça la grange.

> « Je me hâtai de terminer la section commencée d'une jambe, et

j'exprimai avec force, en présence de tous les blessés qui restaient, car un grand nombre s'était déjà enfui, la résolution que j'avais prise de ne pas abandonner mon poste. »

Nous avons été libérés par une charge de cavalerie. Les Russes sont cependant venus assez près de la grange pour que tous les affaires personnelles du chirurgien lui aient été volées, même son épée. Napoléon, le voyant quelques jours plus tard sans épée, lui donna la sienne.

Quant à moi, j'ai pris une grande leçon d'humanité. Ce chirurgien opérait aussi bien les blessés ennemis que les nôtres, portant son choix des urgences lui-même, sans considération du grade ni de la nationalité du blessé.

Et j'ai fait aussi un peu de chirurgie. Bien sûr je n'ai opéré personne. Mais je tenais le bras ou la jambe en voie d'amputation ou de pansement. Je lavais les visages, je faisais boire bouillons ou tisanes, je disais les quelques mots les plus réconfortants que je pouvais.

Le comportement tellement humain de « Monsieur Larrey », comme nous l'appelions, m'a touché au plus profond de mon cœur et je me suis dit que si tous nos dirigeants se comportaient de la même manière, il n'y aurait plus de guerres.

A la nuit, on comptait quarante sept mille victimes, Français et Russes. Les blessés arrivaient encore par centaines à la grange. Larrey et ses assistants opéraient sans arrêt.

Le lendemain matin, dans le froid et la neige, nous opérions encore. J'ose dire nous, car les autres aides étaient tellement épuisés qu'ils n'étaient plus utilisables.

C'est alors que nous vîmes s'approcher une silhouette familière. C'était l'Empereur. Il n'était accompagné que de quelques soldats. Mettant pied à terre, il vint vers nous. Son visage était grave et triste. Il tenait à la main une gourde d'eau de vie et un sac de pièces d'or.

Comme à son habitude, il faisait le tour du champ de bataille pour réconforter les blessés qui devaient encore attendre des secours. Il n'imaginait pas que son fidèle chirurgien était encore à la tâche et dans de telles conditions.

On amenait alors le général Rabusson qui avait sauvé la grange où nous opérions.

> « L'aspect de ce blessé était effrayant. Il n'avait plus figure humaine, il était dans un danger imminent et couvert de blessures. On en comptait dix sept. Les plus graves étaient à la tête et à la poitrine.
> Trois coups de baïonnette au crâne, au front, à la joue gauche avec fractures dentaires qu'accompagnent trois coups de sabre au thorax avec plaies pulmonaires soufflantes. Je les ai fermées aussitôt, et débridé les plaies faciales avant de les suturer méthodiquement.
> Quelques tasses de bouillon et un peu de bon vin le ranimèrent en effet, et je le jugeai en état d'être évacué, avant de guérir ! »

Les autres médecins étaient jaloux de la dextérité de Dominique Larrey, lui qui savait pratiquer une amputation de membre en moins d'une minute. On disait de lui qu'il ne savait qu'amputer. Il savait aussi faire tout le reste. Mais en coupant aussitôt un membre très abîmé, il sauvait ainsi une grande quantité de blessés et leur évitait infection et gangrène.

Que faire des morts ? Il faisait si froid qu'on ne pouvait pas creuser la terre. Ils sont restés sur place. Que faire des blessés ?
Le village d'Eylau n'offrait aucun abri convenable. Il n'y en avait pas non plus dans les environs. Il a fallu les évacuer.

> « Nos transports se firent avec beaucoup de soin : chaque convoi était accompagné du nombre d'officiers de santé, de sous-officiers et de soldats infirmiers nécessaires pour donner en route aux blessés tous les secours dont ils avaient besoin.
> Leur gîte et leur soupe étaient préparés à l'avance, à chaque

lieu de station, par des sous-officiers qui précédaient les convois. »

C'est ainsi que 91% des 5.000 Russes et des 7.000 Français opérés, puis transportés ont guéri !

Après cet épisode dont le souvenir me revient encore quarante cinq ans après, j'ai pu rejoindre mon régiment.
Encore une fois on me croyait perdu et mon retour fut fêté comme seuls les hussards savent le faire.

Le 10 février, le 3° hussards occupait Pompicken et Parskam.
Le temps s'était mis au dégel. La plaine était impraticable. La route était défoncée. Les chevaux épuisés par les marches et le manque de nourriture tombaient d'inanition. Nous n'en valions pas mieux.
Le 22, nous avons été envoyés à Heilsberg pour enlever 50.000 sacs de farine.
Le 27, on se retirait sur Allenstein. Notre régiment, placé à l'arrière-garde, détruisit les passages sur l'Alle.
On était en route depuis deux heures lorsque tout à coup une nuée de cosaques fondit sur nous. Les voltigeurs firent feu à bout portant sur deux rangs. L'effet fut très meurtrier. Notre 3° Hussards et le 10° chasseurs les chargèrent et en prirent une trentaine.
Nous occupions Lingnan, Allkirch, Queetz, Kalmalener. Nous nous battions toujours, avec des pertes effrayantes. Notre 3° hussards et le 10° chasseurs ont perdu en trois mois 288 chevaux, plus du quart de l'effectif. Ces comptes de pertes de la cavalerie sont toujours effrayants, car en ne comptant que les chevaux on ne dit pas combien d'hommes sont morts !

Dantzig capitula le 24 mai. À Guttstadt, le 5 juin, dès 8 heures du matin, nous avons été attaqués et enveloppés par des Russes et coupés de nos communications. À 11 heures, l'affaire était si sévère que nos brigades formées en carré faisaient feu de deux rangs. Mais le Maréchal Ney a pu accourir et a repoussé ces attaques. Chaque fois que l'ennemi chargeait, nous fondions aussi sur lui. Pendant trois heures, malgré la charge ennemie, pas un peloton n'a été entamé. Le retrait s'est effectué avec ordre et ensemble, sans avoir perdu un drapeau ni un canon.

Le 6 au matin, la bataille recommençait. Le maréchal Ney franchit un passage à Deppen, après avoir épuisé toutes ses munitions et tenu tête à 40.000 hommes dont 10.000 cavaliers.

Nicolas Auguste EMERY

La bataille de Friedland
14 Juin 1806

Les Russes commandés par le général Benningsen et les Prussiens, étaient acculés dans le coude de la rivière l'Alle.

La bataille commença à l'aube et ne se termina qu'à 5 heures du soir. 18.000 tués, 20.000 prisonniers, 80 canons pris. Friedland et ses ponts furent brûlés. Les débris des armées Russe et Prussienne passèrent le Niémen à Tilsitt et ne reparurent plus.

Napoléon passa la nuit au bivouac, entouré de sa Garde qui « s'était embêtée » à rester les bras croisés tout le jour.

Le lendemain, à la pointe du jour, il était à cheval, traversant les lignes des troupes dont les soldats dormaient encore. Il défendit qu'on les réveillât pour lui rendre les honneurs.

Il parcourut ensuite le champ de bataille. On pouvait suivre l'ordre des bataillons par la ligne des monceaux de leurs cadavres.

Le 19 Juin, Murat venait d'entrer à Tilsitt lorsqu'un parlementaire envoyé par le prince Bagration lui remit la lettre suivante qu'il venait de recevoir du général en chef Benningsen.

Nicolas Auguste EMERY

À son excellence
Monsieur le Prince Bagration.

Mon Prince,

Après les flots de sang qui ont coulé ces jours derniers dans des combats aussi meurtriers que souvent répétés, je désirerais de soulager les maux de cette guerre destructive en proposant un armistice avant que d'entrer dans une lutte, dans une guerre nouvelle peut-être encore plus terrible que la première.

Je vous prie mon Prince, de faire connaître aux chefs de l'armée française cette intention de ma part, dont les suites pourraient peut-être avoir des effets d'autant plus salutaires qu'il est déjà question d'un congrès général et pourraient prévenir une effusion de sang humain.

Vous voudrez bien ensuite me faire parvenir les résultats de votre démarche, et me croire avec la considération distinguée avec laquelle j'ai l'honneur d'être, mon Prince, de votre excellence le très humble et très obéissant serviteur.

B. Benningsen

L'armée russe était épuisée.

Les conseillers de l'Empereur Alexandre insistaient pour faire la paix. Après des préalables menés par le général prince Lobanov-Rostovski, vétéran des armées de la reine Catherine II, et l'intervention de la reine Louise, épouse du roi de Prusse, un armistice a été signé le 22 Juin 1807. L'entrevue des deux empereurs a eu lieu sur un radeau construit sur le Niémen. Ils ont signé le traité de Tilsitt.

Nous avons fêté la paix

C'était la paix, après tellement de mois passés à nous battre dans la faim, le froid et l'angoisse de la mort.

Nous avons organisé un grand banquet avec ceux que nous venions de combattre. La préparation nous a demandé une semaine pendant laquelle nous sommes partis marauder. Nous avons ramené au moins cinquante chariots remplis de victuailles.

Nous sommes allés inviter les Russes, en les prenant sous le bras pour les conduire à table. Ils étaient beaucoup plus grands que nous. Ces cavaliers avaient l'apparence de colosses indestructibles. Nous avions bien vu leur bravoure au cours des combats. Leur stature était impressionnante. Ils avaient en particulier un torse d'une largeur et d'une épaisseur incroyables. Nous nous sentions tout petits et assez maigrichons à côté deux. Et pourtant, je vous rappelle que je mesure 1m 83, ce qui est beaucoup plus que la moyenne des soldats de mon époque.

À voir la bonne santé de nos anciens ennemis, nous étions prêts à comparer notre dénuement au ravitaillement de l'armée russe que nous imaginions tellement meilleur que le nôtre,

Le long des tables, il y avait en alternance un Français et un Etranger. Les Russes ont commencé par boire cul sec un quart d'eau de vie. Puis ils avalaient gloutonnement de la viande par grosses bouchées de la taille d'un oeuf. Enfin, ils furent gênés et durent déboutonner leurs tuniques. C'est alors qu'on les vit sortir les masses de chiffons qu'ils serraient dessous pour paraître. Et ils sont devenus semblables à nous : des hommes amaigris par les épreuves, harassés, désireux de fraterniser et de voir enfin leurs épreuves terminées.

Hussard de l'Empereur

Tilsit

30 Juin 1807

À Mademoiselle Marie Françoise Lebrun

Ma bien-aimée,

Nos empereurs fêtent la paix sur un bateau ancré au milieu du fleuve Niémen.

C'est un fleuve très large, au moins dix fois comme la Seine. Le courant est puissant. Les bords sont ombragés et pour l'instant occupés par les nombreux services des deux armées.

Hier, nous nous battions sauvagement. Aujourd'hui nous fraternisons.

Sentiment étrange. Nous nous retrouvons en face d'hommes de notre âge, embauchés pour s'entretuer, et qui, n'ayant plus de raison de le faire, se découvrent semblables et capables de non seulement s'estimer, mais aussi de fraterniser en vue d'une paix durable qui les rapprocherait.

Marie Françoise, je n'ai jusqu'ici jamais eu vis-à-vis des Autrichiens, des Prussiens, des Russes que nous avons combattu de sentiment de haine. Seul le devoir nous a fait nous combattre. Et puis, pendant les batailles, il fallait frapper pour vivre. À ce moment, nous n'avions qu'une sorte de rage de survivre et de gagner.

Nos officiers Français et Russes, ont célébré la paix avec un grand banquet offert par les Empereurs. Ce banquet est resté mémorable.

Les sous-officiers se sont réunis à leur initiative.

J'ai passé la soirée et la nuit dans une auberge avec un groupe de Russes, à manger et à boire.

Ici, on ne boit pas comme chez nous. Au cours des banquets comme celui-ci, ce n'est plus de la bière que, mais de l'alcool pur, la vodka. Cela n'a aucun goût. C'est très fort.

Un de nous porte une santé. Tous les verres sont remplis à ras bord, et on boit tous en même temps, en vidant son verre d'un seul coup.
Les effets sont terribles.
La plupart d'entre nous se sont réveillés le lendemain sous la table.
Ma bien aimée.
Cette lettre me précède. Je pense que cette paix va me permettre de rentrer à la maison. Elle vous envoie tout mon amour.

Nicolas Auguste

Après le traité de Tilsitt, les corps d'armée cantonnèrent dans toute l'Allemagne. L'armée se reposait en Prusse, en Silésie et dans le grand duché de Varsovie.

Pendant la fin de l'année 1807 et la majeure partie de 1808, nous avons été cantonnés à Carolath et dans la vallée de l'Herchberg. Nous y sommes restés un an.

Mais ce n'était pas un bon repos. La région était entièrement dévastée. L'humidité faisait proliférer les moustiques qui donnent les fièvres.

Tout était en ruines. On récoltait le blé à demi-mûr, on l'entassait et il en tombait des vers dans la soupe.

Au repos, nous avons pu écrire à nos familles. Mais nous ne parlions qu'assez peu des combats ni des conditions de vie. Ce ne sont que les notables, les généraux, qui alors ont ouvert leur coeur. Les troupiers s'inquiétaient plutôt de savoir comment vont les animaux de la ferme, si les récoltes ont été bonnes, si la pluie et le soleil se sont présentés aux bons moments.

Nous étions logés chez les particuliers, d'un niveau social d'autant plus élevé que le grade était lui aussi important.

Pour les soldats, on ne pouvait exiger du logeur pour la journée que : « une livre de pain (poids de France). Pour le déjeuner : un demi-plat de légumes . Pour le dîner : la soupe, une livre de viande (poids de France) avec des légumes et une bouteille de bière. Au souper : un plat de légumes ».

Les relations avec la population n'étaient pas mauvaises. C'était des paysans comme les nôtres et cela permettait de se comprendre. Nous détestions la guerre, comme eux.

Des liaisons amoureuses se sont même établies et ont abouti à des retrouvailles après la guerre et à des mariages !

Les partisans

Les habitants des pays d'Europe victimes des dégâts de la guerre commençaient à en avoir assez de voir détruire leurs villes et leurs villages, piller leurs richesses, parfois violer leurs filles.

L'occupation des territoires envahis n'était pas toujours bien acceptée par les nobles, qui soutenaient le roi de Prusse ou bien l'Empereur d'Autriche ou celui de Russie, auxquels ils devaient honneurs et richesses. Eux aussi avaient peur de la République Française, même si elle était actuellement représentée par un Empereur. Ils en contestaient le droit.

La signature d'un traité de paix ne signifiait pas l'arrêt complet des combats. Des civils passaient à la clandestinité. Des militaires refusaient la paix. Ils n'attendaient qu'une bonne occasion pour trahir et attaquer les régiments isolés ou les garnisons.

Bien sûr, quand les auteurs de ces actes étaient capturés, ils étaient fusillés. C'est la loi de la guerre.

Les alliés contre la France ont appelés ces partisans « martyrs ». Ce nom renvoie à une appellation religieuse. Il est donné aux croyants exécutés parce qu'ils refusent d'abjurer leur foi. Les martyrs chrétiens sont devenus des saints, révérés car purs et absents de péchés. Ce n'était pas le cas de ces résistants modernes, dont les actions faites au nom d'un patriotisme très noble ont été parfois fort cruelles.

La résistance a commencé après la bataille d'Austerlitz.

Hussard de l'Empereur

Après la reddition du maréchal Mack à Ulm en 1805, un certain nombre de soldats refusèrent la capitulation et se réfugièrent au Tyrol. Ils étaient environ 8.000. Andréas Hofer « citoyen soldat » en était le chef. Une expédition fut envoyée contre eux. Ils ne pouvaient pas résister au nombre. Un accord est intervenu et ils ont pu rentrer dans leurs foyers sans être inquiétés.

Mais Andréas Hofer refusait cet accord. Il résistait toujours. Il finit par trouver refuge dans une cabane dans la montagne et trahi par un prêtre il fut fait prisonnier. Sur des ordres péremptoires de l'Empereur François Joseph, il fut fusillé « comme un chien ».

Johan Palm était un libraire de la ville de Nuremberg.

Il reçut un jour trois gros paquets de livres complètement enveloppés dans du papier. Il devait les transmettre à deux clients. Or ces livres contenaient des tracts séditieux qui y étaient dissimulés. Des officiers français eurent connaissance de leur existence et Johan Palm fut dénoncé. Il affirmait ignorer totalement l'existence de ces papiers. Il fut emprisonné, et malgré ses dénégations, après un bref jugement, il fut fusillé.

Le peloton chargé de l'exécution, formé de six soldats, fit feu. Une seule balle atteignit Johan Palm. Il fallut l'achever. Sa mort fut assimilée à l'exécution du duc d'Enghein deux années plus tôt.

« Plus qu'un crime….une horrible méprise. »

Schill, à la suite des accords de paix, faisait partie de l'armée de Napoléon.

Après la bataille d'Essling, « le brave soldat Schill » quitta sa garnison sous prétexte d'exercice avec 400 cavaliers et 60 soldats à pied. Il marcha vers Magdebourg où il arriva le 5 mai 1809. Il se heurta alors à une garnison de 1.000 soldats français et westphaliens sous les ordres du colonel Vautier. Il envoya un émissaire. À son retour, cet émissaire fut tué par une balle française. Alors le combat commença. Le groupe de Schill tua 140 hommes dont le colonel Vautier, et fit prisonniers 160 autres.

Il s'est ensuite dirigé vers la mer Baltique, espérant trouver un vaisseau anglais pour rejoindre l'Angleterre. Après plusieurs combats victorieux, en particulier à Dammgarten où il captura 600 hommes, 34 officiers 2 canons et 4 drapeaux, il s'allia à des Suédois qui eux aussi désertaient l'armée française et finit par atteindre Stralsund et là il fut battu et tué.

Sa tête coupée a été conservée dans un musée allemand jusqu'en 1839.

Ses hommes furent envoyés aux travaux forcés à Brest et les officiers furent fusillés.

La guerre d'Espagne

Nicolas Auguste EMERY

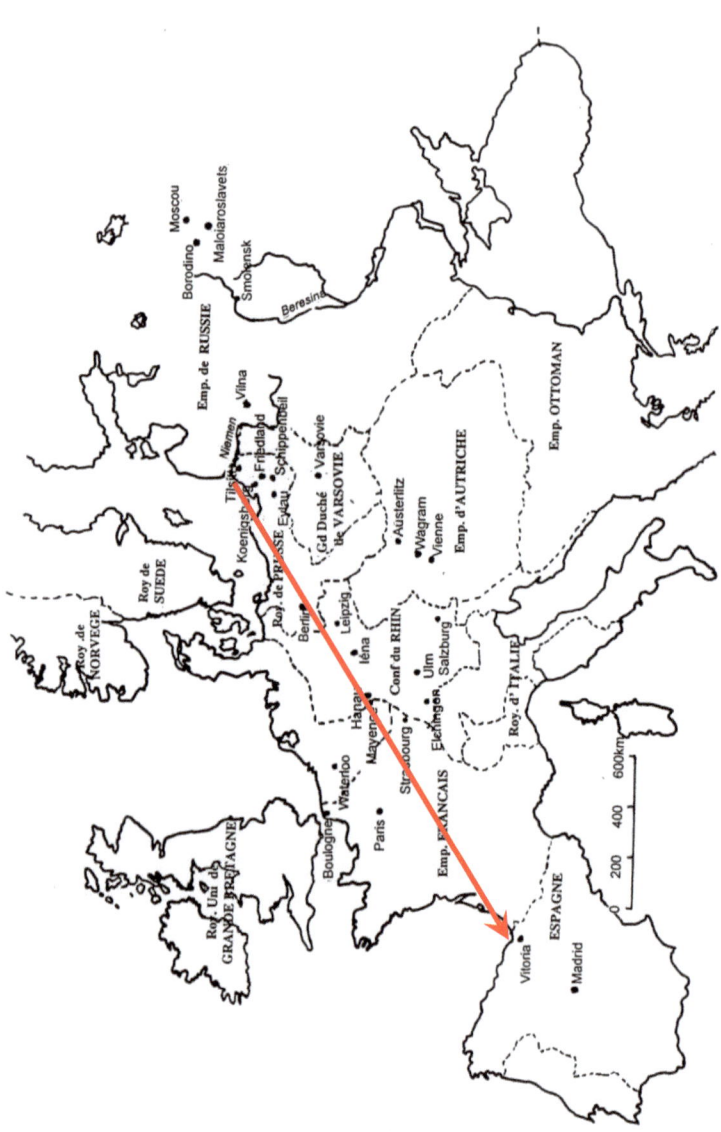

De la Pologne à l'Espagne, en passant par Angoulême

Après une année de repos, le 8 septembre 1808, le 6° corps, dont le 3° régiment de hussards, reçut l'ordre de se rendre en Espagne le plus rapidement possible.

Par Dresde, Mayence et Bayonne, le voyage dura 100 jours. Ce fut une marche triomphale, les habitants des villages et des villes traversées nous faisaient un accueil des plus chaleureux. Pas partout cependant.

D'Angoulême, j'ai gardé de mauvais souvenirs.

La guerre d'Espagne entraîna une grande circulation de troupes à l'aller comme au retour à travers l'Europe. Il a fallu choisir le trajet de la route qu'il fallait aménager. Une querelle régionale a eu lieu. Il fut choisi de passer par Angoulême.

Cette route a alors été renforcée et améliorée par les Ponts et Chaussées. Elle mesurait 15 mètres de large et il n'y avait pas d'ornières entre Angoulême et Bordeaux.

Toute la Grande Armée est passée par Angoulême à l'aller comme au retour.

La ville comptait 12.000 habitants. Les bourgeois devaient accueillir les soldats. Chaque homme avait son billet de logement.

Il fallait non seulement loger les hommes, mais aussi donner à manger aux chevaux.

Il fallait aussi trouver des charrettes pour transporter les officiers. Certains d'entre eux ne rendirent jamais la calèche prêtée par un bourgeois.

Les soldats de la Garde étaient toujours transportés eux aussi en charrettes. Il fallait en trouver. Certains habitants étaient tellement terrorisés par la brutalité des soldats qu'ils abandonnaient leur charrette et leur cheval plutôt que de faire eux-mêmes le convoyage. Les soldats qui remontaient vers Paris revendaient alors la charrette à Vars.

Les relations entre les militaires et les habitants n'ont pas été bonnes.

Le général Krazenski est passé avec ses 400 lanciers polonais. C'était de grands gaillards mesurant au moins 1m 80. Quatre d'entre eux avaient reçu leur billet de logement chez un artisan du quartier de la Bussate. Dès avant leur arrivée, ils avaient déjà largement bu. Deux d'entre eux étaient fin saouls.

Ils ont maltraité leur logeur, qui s'est défendu en appelant son fils et sa fille à la rescousse. Ils ont jeté le fils par la fenêtre du premier étage.

Entendant ce tapage, les habitants du quartier se sont rassemblés. Les 400 lanciers aussi. On a fait appel au préfet. Celui-ci ne disposait que de 10 gendarmes pour toute la ville ce qui était trop peu. Il eut alors une idée de génie. Il y avait dans la prison de la ville 200 prisonniers de la garde de l'Empereur d'Autriche. Il alla les voir. Il leur donna à chacun une bûche et leur proposa de sortir pour rétablir le calme. Ce qu'ils firent, trop heureux de cogner sur des Polonais pour sauver des Français.

Nous sommes arrivés début novembre à Vitoria. C'est là que ma carrière militaire a changé.

Napoléon était arrivé d'un trait à Bayonne. Il a parcouru le trajet Bayonne-Vitoria à cheval (environ 170 km) en deux étapes. Il se préparait à prendre l'offensive en la dirigeant lui-même, car les résultats obtenus par Murat n'étaient pas concluants.

La guerre avait commencé à la fin de l'année 1807, les échecs survenaient et surtout le caractère du conflit était entrain de se modifier. Les Espagnols faisaient maintenant une guerre de libération à outrance, multipliant les actions de partisans. Les Anglais étaient venus les renforcer. Napoléon pensait par sa présence en finir rapidement.

Il était très pressé.

Son premier travail fut de réorganiser l'armée et de renforcer sa garde. Il fit demander aux régiments de hussards de lui adresser les hommes qui leur paraissaient les plus vigoureux, les plus expérimentés et les plus dignes de confiance. Nous étions tous candidats et nous nous estimions de valeur égale.

Je fus choisi et nommé dans les chasseurs de la Garde Impériale le 9 novembre 1808.

Je quittai mes amis du 3° hussards qui partit aussitôt pour Logrono, sur l'Ebre.

Nicolas Auguste EMERY

À Vitoria en Espagne

10 Novembre 1808

À Mademoiselle Marie Françoise Lebrun

Ma bien aimée,

Je confie cette lettre à un ami sûr. Il connaît votre adresse. Je n'ai rien écrit sur l'enveloppe afin de ne pas éveiller la censure.

Vous me croyez encore en Pologne ? Je suis en Espagne ! Il y a là aussi la guerre ! Nous avons voyagé en toute hâte, à la limite de la fatigue de nos montures et de nous-mêmes. Nous avons d'abord traversé des régions germaniques pacifiées. L'accueil des habitants était chaleureux, d'autant qu'ils pensaient que nous étions entrain de nous retirer définitivement.

En France, tous nous prenaient pour des héros, mais aussi on haïssait ces guerres qui dépeuplaient les campagnes. Le passage par Angoulême a été mémorable. Nous y avons été particulièrement mal accueillis.

Marie Françoise, la plume me brûle dans les mains et j'ai hâte à vous annoncer une bonne nouvelle : je viens de recevoir ma nomination dans la Garde de l'Empereur. C'est pour moi une très grande joie. Ce corps est non seulement le plus prestigieux de l'Armée, mais aussi celui qui reçoit de la part de l'Empereur le plus d'attentions.

Ce ne sera pas une fonction de tout repos, car il est très exigeant quant au service de sa personne, mais aussi au cours *des combats, il demande un engagement total. Le danger ne diminuera pas. Mais au moins, pendant les temps de repos, je serai mieux nourri, mieux hébergé. Et puis, cette nomination m'a fait monter en grade. Je suis maintenant maréchal des logis.*

Partagez avec moi cette joie. Elle n'atténue pas la tristesse de ne pas pouvoir vous revoir.

Je vous aime.

Nicolas Auguste

La Garde de l'Empereur

La Garde était un corps que j'admirais pour sa bravoure. C'était un corps prestigieux, que tout hussard aurait bien voulu intégrer.

Pour être enrôlé dans un des régiments de la Garde, il fallait mesurer 5 pieds 3 pouces (1m 705) sous la toise, justifier de 10 années de service, être un « excellent sujet ». Je mesurais 1m83 et si je n'avais pas encore 10 ans de services, ceux que j'avais rendus au cours des campagnes précédentes m'avaient créé une certaine célébrité dans mon régiment. Et puis, malgré toutes mes actions de bravoure, je n'étais pas encore mort, comme bien d'autres de mes camarades !

La cavalerie de la garde comprenait un régiment de grenadiers à cheval, un régiment de chasseurs à cheval, la compagnie des Mameluks, et un régiment de dragons.

La garde était admirée et respectée. Elle savait tenir son rang de corps d'élite. On appelait les soldats de la garde : « Les messieurs. » Pour s'adresser à eux, on disait en effet : « Monsieur. »

Le simple grenadier avait rang de sergent. Les gradés de l'infanterie (la Ligne) devaient le respect à ceux de la Garde du même grade.

Hussard de l'Empereur

Un hussard de la Garde

Nicolas Auguste EMERY

Nous étions véritablement splendides dans notre grand uniforme:
Dolman de drap vert garni de galons, tresses et franges de laine jaune, collet vert, parements rouges ; pantalon de peau jaune, collant ; bottes à la hongroise, bordées d'un galon jaune et ornées d'un gland de laine jaune ; pelisse écarlate, avec galons, ganse olive et tresses de laine jaune, bordure de la pelisse et des tours de manches en fourrure noire ; gilet rouge avec ganses et galons jaunes ; ceinture à nœuds en laine, verte à coulants rouges, qui cachait le ceinturon soutenant le sabre ; sabretache fond vert, représentant les armes de l'Empire brodées en couleur, portant un aigle en cuivre et bordée d'un large galon jaune ; sabre courbe à fourreau et pommeau de cuivre ; colback à flamme rouge, avec ganse et galon jaunes, jugulaires en chaînons de cuivre, plumet vert et rouge au sommet.

Le petit uniforme était plus modeste, la couleur dominante étant le vert.

En campagne, l'Empereur portait notre uniforme de petite tenue et ressemblait alors à l'un de nos chefs. Nous en étions très fiers.

Nous portions les cheveux en tresse, des moustaches et des anneaux aux oreilles.

Le cheval était noir.
2.500 hommes composaient le régiment, divisé en escadrons de 250 hommes montés.

Le corps des hussards était le mieux payé de toute l'armée. À partir de mon engagement dans la Garde, j'ai touché 1F 50 par jour, soit deux fois plus que les soldats de la ligne ! Le mois d'août, dit « de Napoléon » à cause de sa fête, était payé double.

Notre équipement coûtait 950 francs par an. Celui des grenadiers à pied n'en coûtait que 300.

Pendant les campagnes, la Garde avait droit à toutes les faveurs. Bien équipée des meilleures armes de la manufacture de Versailles, confortablement logée et nourrie à chaque étape, soldée régulièrement, elle défilait en uniformes impeccables. Elle était le plus souvent transportée en charrettes.

Pendant les batailles, la Garde était toujours proche de l'Empereur. 22 chasseurs l'entouraient. J'ai ainsi pu le voir de très près en de nombreuses actions. L'officier qui commandait ces 22 chasseurs était placé immédiatement derrière l'Empereur. L'officier d'ordonnance à côté de lui.

S'il mettait pied à terre, quatre chasseurs en faisaient autant présentant les armes et faisant face à l'arrière.

Les officiers d'ordonnance étaient « les yeux, les oreilles et la voix de l'Empereur ». Toujours disponibles pour n'importe quelle mission officielle, secrète, et pendant les combats portant certains messages.

La Garde était privilégiée. Les cantonnements étaient toujours prévus par l'Empereur lui-même, qui donnait ses ordres écrits dans ce sens souvent plusieurs semaines à l'avance.

La Garde à cheval n'obéissait qu'à son chef, le maréchal Bessière avec sous ses ordres le colonel Lepic. C'était une obligation incontournable. Un jour, en Espagne, Masséna ne put obtenir la charge de la Garde parce que Bessière n'était pas là pour la commander.

La Garde combattait toujours en grande tenue. Mais elle n'était pas toujours engagée.

Cette attente a été parfois dramatique. À Eylau, le régiment à cheval qui entourait l'Empereur est resté immobile, par escadrons, pendant des heures, sous la neige et les boulets qui s'enfonçaient dans les files avec un bruit sourd et un carnage effroyable. Le colonel Lepic était en avant, sabre à la main. Il voyait des grenadiers qui courbaient la tête.

« Hé, là bas ! Haut les têtes ! Les boulets c'est de la merde ! »

Quand il fallait charger, c'était sans hésitation et sans retour.
Cet héroïsme était largement récompensé. Un tiers des soldats de la garde portait la croix de la Légion d'Honneur.

La mauvaise guerre

Funeste idée de l'Empereur que cette guerre en Espagne ! C'est la première fois et la seule où c'est lui qui a déclenché les hostilités.

Il a dit d'ailleurs à Sainte Hélène :

« Cette malheureuse guerre d'Espagne a été une véritable plaie, la cause première des malheurs de la France. »

L'Espagne était alliée de la France, mais mollement. Le Portugal était neutre. Mais les deux pays continuaient de faire commerce avec l'Angleterre.

Napoléon dit venir sauver ces populations des Anglais. En fait, c'était une annexion afin de donner un trône à Joseph Bonaparte.

Commencé à la fin de l'année 1807, l'envahissement a été d'abord accueilli avec une sorte de sympathie.

Le 2 mai 1808, le vent a tourné.
Une révolte populaire a eu lieu à Madrid.
Les chasseurs et les mameluks ont chargé la foule. Il y a eu 185 morts.

L'Espagne entière fit le serment tacite de ne cesser la guerre que le jour où le dernier étranger repasserait les pyrénées. Le « Dos de Mayo » est une date dont chaque Espagnol se souvient encore maintenant.

La campagne d'Espagne commandée directement par Napoléon commença le 10 novembre 1808, en battant 100.000 Espagnols insurgés aidés de 30.000 Anglais. Il reprit Burgos et se dirigea vers Madrid par Aranda.

Les montagnes d'Espagne

Pour arriver à Madrid par le nord, il fallait franchir le col de Somosierra par un défilé, un torrent et un pont de pierre.

Il était réputé infranchissable. 12.000 Espagnols étaient établis le long des pentes avec 30 canons sur une distance de 2,5 km. Ils se croyaient invincibles. Les premiers éclaireurs se firent tirer au fusil et par quatre batteries de canons.

L'empereur arriva le 30 juillet avec les chasseurs de la Garde et le 3° escadron de chevau-légers polonais. J'étais parmi les chasseurs. J'ai tout vu.

Il examina la situation avec sa lorgnette appuyée comme de coutume sur l'épaule d'un chasseur, sous le sifflement des balles et dit :

« *Enlevez-moi çà.* »

Au retour d'une reconnaissance, l'aide de camp du maréchal Berthier dit : « Impossible, Sire. » Le maréchal Berthier lui-même n'était pas d'accord.

L'Empereur se mit dans une colère épouvantable.

« *Impossible, impossible, je ne connais pas ce mot-là. Quoi ? Ma Garde arrêtée devant des Espagnols, devant des bandes de paysans armés ? Partez, Ségur ! Allez, prenez les Polonais, faites les tous prendre et ramenez-moi des prisonniers.* »

Le chef d'escadron Kozietulski qui commandait l'escadron de chevau-légers Polonais partit. Les chevau-légers de la garde s'élancèrent par quatre de front sur les retranchements qui coupaient le chemin. Nous les avons suivis en renfort.

Au milieu des boulets, des balles et de la mitraille, prenant successivement trois batteries, ces intrépides franchirent les fossés, pénétrèrent dans les redoutes, taillèrent en pièces ceux qui les défendaient, mirent en fuite ceux qui échappaient à leurs coups, et se rendirent maîtres du passage.

L'affaire n'a duré que dix minutes.

Cette action avait été si violente qu'elle terrorisa les Espagnols.

Arrivés en haut des positions, nous avons vu leur armée en déroute.

Le général San Juan, qui commandait, refusait de cesser le combat. Ses hommes l'ont attaché à un arbre et l'ont fusillé.

Dix drapeaux ont été pris, seize canons, trente caissons, deux cent chariots, et tous les colonels de la division.

57 Polonais sur 150, tous les officiers, avaient été tués ou blessés. Le lieutenant Niegolewski, qui avait reçu 7 coups de baïonnette et deux balles, a été décoré par l'Empereur. Quarante ans plus tard, il a dit :

« *Puissent beaucoup de jeunes gens avoir pareil jour de fête !* »

Madrid a été prise le 4 décembre 1808.

Le 22 décembre, à la veille de Noël, nous fîmes une course infernale en sens inverse de ce que nous venions de faire. Napoléon voulait aller contre les Anglais qui avaient débarqué à la Corogne. Nous étions 15.000 hommes de la Garde et des troupes d'élite. Nous devions passer par le col de Guadarrama.

Il avait neigé les jours précédents, il faisait un froid glacial. Le thermomètre marquait moins 12 degrés. Le vent soufflait en violence. La route était couverte de verglas au point que les hommes et les chevaux perdaient l'équilibre, tombaient sur le chemin, et plusieurs étaient entraînés dans la pente.

Il faut noter qu'ici, comme plus tard en Russie, les chevaux n'étaient pas ferrés à glace.

Des hommes, perclus par le froid, restaient sur le bord de la route sans pouvoir se relever.

L'artillerie et la cavalerie furent obligées de s'arrêter au milieu de la montagne. Certains soldats murmuraient des menaces, refusant d'avancer.

Napoléon ne dit rien, mit pied à terre. Il glissait sur le verglas, s'appuyant sur l'épaule d'un aide de camp. Il demanda aux cavaliers de descendre de leur monture afin d'aider les fantassins à peser sur les roues des canons qui patinaient sur la glace.

La redingote grise surmontée du petit chapeau s'avança vers le col sous les yeux de l'armée qui s'ébranla à nouveau. Les soldats se sont tus.

C'est dans un autre col, en descendant les pentes verglacées de la sierra del Moncayo, que le cheval du maréchal Lannes glissa. Lannes tomba et sa monture retomba lourdement sur lui.
Nous l'amenâmes au docteur Larrey, couvert d'hématomes de la base du thorax au bas ventre. Il ne pouvait pas parler. Il fallait le réchauffer immédiatement.
L'image des esquimaux réanimant les naufragés du navire « la Vigilante » revint à l'esprit du chirurgien. Il appela deux soldats bouchers, leur demanda de dépecer rapidement un énorme mouton.

> « J'appliquai sur tout le corps de son excellence cette peau toute fumante, et qui laissait transsuder de sa surface écorchée une rosée sanguinolente assez copieuse. Je la croisai exactement, et j'en fixai les bords. Des flanelles chaudes furent appliquées sur les membres, et je fis prendre au malade quelques tasses de thé léger avec un peu de jus de citron et du sucre. Au même instant, M. le Maréchal éprouva un mieux sensible....Il resta dans un sommeil profond et tranquille l'espace de deux heures ; j'enlevai cette enveloppe à son réveil. »

Embrocations chaudes d'eau de vie camphrée, lait d'amandes douces éthéré. Lannes a pu se remettre en selle au cinquième jour !

À Benevente, nous avons eu un combat de cavaliers uniquement au sabre contre les Anglais. Ils ont fini par se dérober et se sont rembarqués à la Corogne vers leur pays.

Les faiblesses

Ce que je viens de raconter est la guerre héroïque d'Espagne. Mais il y a eu aussi les faiblesses. Celle du général Dupont qui capitula à Baylen devant 27.000 espagnols, livrant 50 canons, 4 étendards suisses et 4 drapeaux français, et 30.000 hommes qui ont été emprisonnés à Cadix sur des pontons surveillés par les Anglais. Des 30.000, 3.000 seulement ont survécu.

Ce fut une guerre cruelle et sans merci

Nous avons été étonnés de l'état de misère et d'arriération des Espagnols. Les paysans étaient sales et leur mine était renfrognée. Les maisons aux portes cloutées étaient closes. Les fenêtres grillagées.

À l'intérieur, il n'y avait pas de cheminée, et quand il faisait froid, le feu dans la pièce commune s'échappait par un trou dans le toit.

Ils vivaient de pot au feu avec des pois chiches, des choux, des piments rouges, du lard ranci, une huile détestable, du vin boueux. « Nos pères vivaient ainsi. Pourquoi faire autrement ? » Nous disaient-ils quand nous les interrogions.

Au cours de toutes les campagnes précédentes, nous n'étions pas tendres pour les civils et nous n'hésitions pas à piller les pauvres fermes, les masures, dans lesquelles vivaient des paysans aussi pauvres que les nôtres. C'était pour trouver une nourriture un peu plus riche que celle de l'intendance, le plaisir des jambons et autres cochonnailles, des haricots frais, la paille des étables, plus douce que la terre des bivouacs.

Les filles n'étaient pas toujours hostiles aux avances de nos compagnons.

Il y avait parfois des révoltes individuelles de paysans, réactions naturelles contre les voleurs que nous étions, mais sans la haine fanatique que je découvrais ici.

Rapidement, cette guerre organisée se transforma en une campagne âpre, sordide. Le roi s'étant enfui, l'Eglise donna le souffle de la résistance au nom de la religion. On nous haïssait moins parce que nous étions des envahisseurs, que parce que nous étions des hérétiques.

Les prêtres prêchaient la rébellion du haut de leurs chaires, les paysans préférant abandonner les villages et brûler les récoltes que de nous laisser le moindre grain de blé.

Je fus surpris par cette barbarie, cet orgueil préhistorique des Espagnols qui étaient encore capables de nous cracher à la figure sous la potence.

L'armée pilla couvents et églises. Il est vrai que nous avions été élevés dans l'ignorance et l'hostilité de tout ce qui est religieux. Mais quand même !

Napoléon lui-même a dit :

« *Ce peuple est une racaille de paysans conduite par une racaille de prêtres.* »

La ville de Cordoue fut mise à sac.
Nos soldats se sont conduits de façon déshonorante.
La fusillade de partisans a achevé de retourner les populations et l'influence des Anglais aidant, c'est une guerre sans merci avec des cruautés infinies qui s'est déclenchée.

Les villages traversés étaient silencieux. Quand ils n'avaient pas été abandonnés par les habitants, il ne restait que les femmes les enfants et les vieillards. Les hommes avaient pris le maquis. Les maisons étaient barricadées. Les volets fermés. On pouvait deviner les yeux qui épiaient, terrifiés, à travers les fentes du bois.

À Burgos, alors que nous cherchions du fourrage, un jeune garçon se montra à l'entrée d'un escalier. Intrigué, un grenadier le suivit, entra derrière lui dans un petit réduit en haut et ne revint pas. Un autre monta pour voir et ce fut de même. Alors plusieurs montèrent en armes. Ouvrant la porte du réduit en haut des marches, ils découvrirent les deux grenadiers décapités. Il y avait là huit capucins bien armés et entourés de vivres. Ils vendirent chèrement leur vie, mais furent rapidement massacrés et jetés par la lucarne avec l'enfant.

Tout soldat français qui s'égarait était un homme mort. Les consignes étaient les suivantes : « Même les chiens, les oiseaux, les pierres, sont nos ennemis. Ne partez jamais seul, ne vous éloignez jamais de vos camarades, ne pénétrez jamais sans précaution en terrain boisé ou inconnu, n'acceptez jamais des habits, de la nourriture ou de l'eau avant qu'ils en aient eux-mêmes goûté, n'hésitez jamais à égorger impitoyablement ces misérables fils de chiens ».
En retour des exactions de l'armée, on découvrait au détour d'un chemin des soldats sciés entre deux planches, démembrés, émasculés, crucifiés, pendus aux arbres. Viols, pillages de l'armée, incendies, fusillades, c'était une horrible guerre civile.

Les représailles de l'armée aux agressions des bandes de partisans ont été terribles.
En entrant dans un village, le cheval de notre colonel fut tué d'un coup de fusil.

« Pendez-moi un de ces misérables, le curé, naturellement, cela en fera un de moins pour prêcher la rébellion en chaire ! »

Le curé, dans sa soutane crasseuse, déchirée, manifestement aussi pauvre que ses ouailles, ne tremblait pas de peur, il tremblait de haine. Après cette pendaison, l'escadron s'est éloigné. Les habitants sortirent et ensevelirent pieusement leur prêtre.

Une patrouille qui s'était rendue dans un village pour chercher de l'eau s'est vue répondre que le puits était à sec. Ne les croyant pas, nous y avons jeté un seau. Au fond, il y avait trois cadavres de soldats égorgés pendant leur sommeil. Nous sommes entrés dans la maison et nous avons tué tout le monde : le père, la mère, les deux grands fils et une petite fille. Après nous y avons mis le feu.

Un Noble Espagnol parle

L'officier commandant ma compagnie avait reçu son billet de logement chez un noble Espagnol.

C'était un vieil homme, de la catégorie qu'on appelait alors les « afrancesados », parce que, parlant notre langue et ayant souvent habité dans notre pays, ils soutenaient les points de vue des français sur certains points de la culture et de la religion, affichant des opinions progressistes.

Au cours des soirées, après le souper qu'il prenait en tête à tête avec mon officier, il parlait longuement, exposant la position de l'Espagne et des Espagnols sur les évènements en cours. Je pouvais écouter sa conversation, dont il ne faisait aucun secret.

Il nous parlait de la décadence des maisons royales d'Europe. De l'influence régénératrice des idées nouvelles. Mais il regrettait que

Napoléon n'ait rien compris aux particularités des Espagnols et qu'il se soit manifesté par une guerre plutôt que par la persuasion.

« L'Espagne est une nation très ancienne, disait-il. Gens à la tête dure, rudes et belliqueux, auxquels huit cents ans de guerre contre l'islam ont donné une unité forgée par la religion. Celle-ci en est devenue fanatique. Tout est là-dedans. Nous sommes capables de mourir pour cela.

L'Espagne était entrain de commencer à subir les influences des idées modernes, et même certains parmi les meilleurs d'entre nous y ont adhéré. Les temps auraient pu changer. Le peuple espagnol est encore trop ignorant, trop arriéré pour analyser la situation et comprendre qu'une évolution est nécessaire. Ce sera peut-être possible plus tard, mais au prix d'une autre révolution dans laquelle vous les étrangers n'aurez aucune participation et qui sera terrible. Mais nous ne pouvons pas nous voir imposer ces idées par la force. La nouvelle Constitution que Bonaparte a rédigée pour nous est excellente, mais nous voulons évoluer par nous-mêmes, sans renoncer aux grands principes de la religion, sinon nous préférons mourir.

Joseph Bonaparte a été reconnu comme roi par la Cour de Madrid, par des courtisans sans scrupules. En fait il a été imposé par Napoléon. Cela nous ne pouvons pas l'admettre. Le peuple ne le comprend pas. C'est pourquoi l'Espagne brûle.

En envoyant son armée, Napoléon a fermé toute autre possibilité que la rébellion et la guerre de guérilla. Une guerre que vous ne gagnerez pas.

Le 2 mai, à Madrid, vous avez creusé un fossé infranchissable. Un fossé de sang qui a ruiné les espoirs des hommes un peu plus cultivés que moi.

On rapporte que l'Empereur aurait dit après ces émeutes : « *Bah ils se calmeront !* ». Non, nous ne nous calmerons pas.

Vous avez mis Cordoue à sac, vous avez violé des femmes, vous avez fusillé des prêtres.

Si j'avais été plus jeune, j'aurais moi aussi pris les armes et je serais parti au maquis. Maintenant cela ne m'est plus possible.

Vous ne pouvez pas comprendre ce qui se passe ici. Il aurait fallu que vous soyez né en Espagne.

Je comprends ceux qui vous combattent. Je comprends la nécessité de l'évolution, mais c'est trop tôt et trop mal fait, par une guerre apportée par des étrangers.

Quant à moi, afrancesado, méprisé par mes compatriotes, quand les partisans viendront, aucune explication ne sera possible. Je serai un homme mort. »

Ces propos ont tracé dans ma mémoire des lignes nouvelles. Au cours des opérations de guerre auxquelles j'avais participé dans ce pays, je n'avais pas rencontré les situations que j'avais vécues au cours des batailles d'Autriche, de Prusse, de Pologne.

Là bas, c'était les soldats des armées de métier qui se battaient de part et d'autre, sur les ordres de leurs chefs, sans haine particulière, et qui, quand les combats avaient cessé pouvaient se rencontrer et souvent fraterniser.

Ici, la différence, c'est que ces soldats espagnols nous haïssaient autant que les partisans. Comme eux, ils étaient capables d'achever les blessés, de tuer les prisonniers. Et nous faisions de même.

J'ai vu inaugurer une nouvelle sorte de guerre, la guerre totale, dans laquelle il n'y a plus de distinction entre les civils et l'armée. Tous combattaient pour la même cause, celle de l'honneur du pays.

L'entrée des religieux dans l'animation de cette guerre introduisait une notion encore nouvelle pour moi. Les Espagnols se battaient pour eux, leurs enfants, et aussi pour leur Dieu, le même que celui des miens.

J'étais à Madrid un jour d'insurrection. Les madrilènes attaquaient les troupes avec tout ce qu'ils avaient : pistolets, fusils, poignards très longs et affilés qu'on appelle *navajas*. C'était une mêlée monstrueuse dans la ville. On nous lançait des tuiles, des pots de fleurs, des meubles.

En route pour porter un message, j'ai été surpris par la foule. Les enfants me jetaient des pierres, ils tentaient de me faire vider les étriers.

Je voulais faire un détour, mais j'ai été surpris par une grande troupe sur la Plaza Mayor. Une vingtaine d'hommes et de femmes portaient un homme qui venait d'être tué par un cavalier. Ils se sont jetés sur moi avec des pieux et des couteaux. Les femmes étaient les plus féroces, tentant de me faire tomber de cheval. J'ai reçu un coup de couteau dans la cuisse.

J'ai dégainé mon sabre. J'étais épouvanté. Je n'avais jamais imaginé affronter des hommes, des femmes et des enfants. Une femme s'est pendue au mors de mon cheval. J'ai frappé. Elle est tombée morte.

J'aurais dû savoir qu'une telle haine était possible. Nous avions eu en France la guerre de Vendée. Nos dirigeants avaient-ils oublié qu'un peuple était capable de se battre contre son propre gouvernement pour son indépendance et sa religion ? Malheureusement, les survivants de cette guerre étaient peu nombreux.

J'en ai rencontré parmi mes collègues hussards. Ils m'ont tous dit qu'ils détestaient cette guerre d'Espagne, car elle leur rappelait trop fort celle qu'ils avaient menée en France il y avait à peine quinze ans.

Ainsi s'expliquait leur silence, leur détournement des massacres des civils, des atrocités, et le soir, les larmes et les hoquets de sanglots qu'ils laissaient couler sans retenue. Nous mettions cela sur le compte de la fatigue, et au pire pour de la lâcheté.

J'en revois un, un peu avant une charge contre des bataillons ennemis. Il était à quelques pas de moi, immobile sur son cheval gris, le coude appuyé sur le pommeau de sa selle, légèrement penché en avant, le regard perdu dans l'infini. Son visage était tanné de multiples rides qui entouraient ses yeux au regard triste. Sa queue, ses moustaches et ses nattes grises, une cicatrice sur sa joue droite traduisaient un vétéran. Il portait un anneau d'or à chacune de ses oreilles. Les harnais de son cheval étaient râpés, la peau de mouton de la selle était pelée par le frottement des cuisses du cavalier.

Une main sous le menton, il passait son index sur les pointes de sa grosse moustache. L'autre était posée sur la crosse de la carabine qui dépassait de la fonte accrochée à la selle. Sur son côté gauche, au dessus de la sabretache et du pantalon hongrois qui recouvrait les bottes jusqu'à la cheville, son sabre courbe de cavalerie pendait. C'était un modèle 1786, actuellement disparu.

Je l'ai retrouvé le soir, comme moi fourbu et couvert de boue et du sang de ceux qu'il avait sabrés sans arrière-pensée, car il faisait son métier de soldat, c'est-à-dire que le plus souvent il s'efforçait de sauver sa peau.

C'est avec lui que j'ai pu échanger les idées dont je parle plus haut. Cela n'a modifié ni notre courage, ni notre détermination, ni notre enthousiasme à servir un Empereur dont nous nous étions fait notre héros, mais nous savions depuis lors que notre vie ne serait jamais plus la même.

Nicolas Auguste EMERY

En Espagne, après le combat de Somosierra

À Mademoiselle Marie Françoise Lebrun

Marie Françoise bien aimée.

Je suis dans la Garde de l'Empereur, j'ai droit à bien des égards quant à la vie de tous les jours, mais cette vie me pèse. Il y a trop d'atrocités dans cette guerre.

Nous nous battons héroïquement, sans souci des blessures, avec une grande confiance dans nos chefs et dans l'Empereur, mais je me demande parfois si cet héroïsme est bien acquis, si nous pouvons nous en glorifier.

Mais qu'est-ce qu'un héros ?

Est-ce un homme qui a sabré et tué beaucoup d'ennemis, sans réserve, avec la chance de n'avoir pas reçu de coup mortel ?

Est-ce un homme qui a découvert un chemin plus court et plus sûr ?

Est-ce un homme qui a su laisser passer à l'ennemi pour le tromper un faux renseignement au péril de sa vie ?

Est-ce un homme qui a ramené dans les rangs de l'armée un officier supérieur blessé ?

Est-ce un homme qui par une manœuvre hardie a permis d'écourter le combat et de vaincre à moindre dépense de vies humaines ?

Jusqu'à présent j'ai combattu des hommes comme moi, dont le métier était d'être soldat. Il y avait des règles d'honneur, comme de ne pas achever les blessés, ni de massacrer les prisonniers.

Nous nous sommes sabrés, canonnés, blessés, tués, mais sans haine personnelle. Après les combats, une fois la paix décidée, nous pouvions nous retrouver et sans nous aimer bien sûr, chercher à mieux nous connaître.

Je trouve maintenant devant moi tout un peuple animé d'une haine qui entraîne des actes que j'ignorais jusqu'ici.

Nous sommes fautifs dans le déclenchement de cette haine. Quelques uns ont torturé, massacré, tué des civils et même des prêtres, sans autre motif que le pillage des églises et des couvents qui possédaient beaucoup de richesses.

La répression de la manifestation du 2 mai à Madrid a été d'une violence terrible.

Les Espagnols, très fiers et très croyants, ont alors déclenché une guerre totale, dans laquelle les habitants, encouragés par leurs prêtres, se sont engagés aux côtés des soldats mais aussi de façon indépendante sous la forme de bandes armées, intervenant sur les chemins et au coin des bois en embuscades meurtrières.

Nous les avons considérés comme des hors-la-loi et aussitôt pris, fusillés. Mais aussi nous nous sommes vengés sur les villages.

L'engrenage de la guerre totale était pris.

Je croyais que c'était la première fois dans l'histoire moderne qu'un peuple entier prenait les armes. Mais un de mes amis chasseurs, plus âgé que moi, et qui avait fait la guerre de Vendée m'a rappelé ses horreurs. Cette guerre continuait encore.

Pourquoi ces choses sont-elles oubliées par ceux qui nous gouvernent ? La lecture de l'histoire ne se résume pas aux guerres des Romains ni à celles des siècles précédents, et leur prise en compte aurait dû permettre d'en éviter de nouvelles.

Je n'ai jamais été enthousiasmé par la guerre que pourtant je fais depuis quelques années. Mais maintenant je la déteste.

Maire Françoise bien aimée, cette guerre d'Espagne est une guerre horrible.

Pensez à moi. Je vous aime.

Nicolas Auguste

Nicolas Auguste EMERY

La deuxième campagne de Prusse

Le 1° Janvier 1809, nous avons quitté l'Espagne sans regrets, reprenant le chemin en sens inverse vers l'Autriche.

Napoléon avait appris à Astorga que l'Empereur d'Autriche allait se remettre en guerre.

Il quitta l'armée, accompagné de cavaliers de la Garde. Je faisais partie de ce peloton. L'Empereur chevauchait si rapidement que nous ne pouvions pas suivre. Il laissait derrière lui 193.000 hommes qui se sont battus de tous côtés sans jamais obtenir une victoire décisive, pour finalement se retirer sans honneur et avec des pertes très lourdes en 1813.

Ces soldats d'Espagne ont cruellement manqué dans les expéditions futures, en particulier en Russie. L'armement perdu a été considérable.

L'honneur enfin a été bien terni par la sauvagerie des combats, des sièges et des pillages.

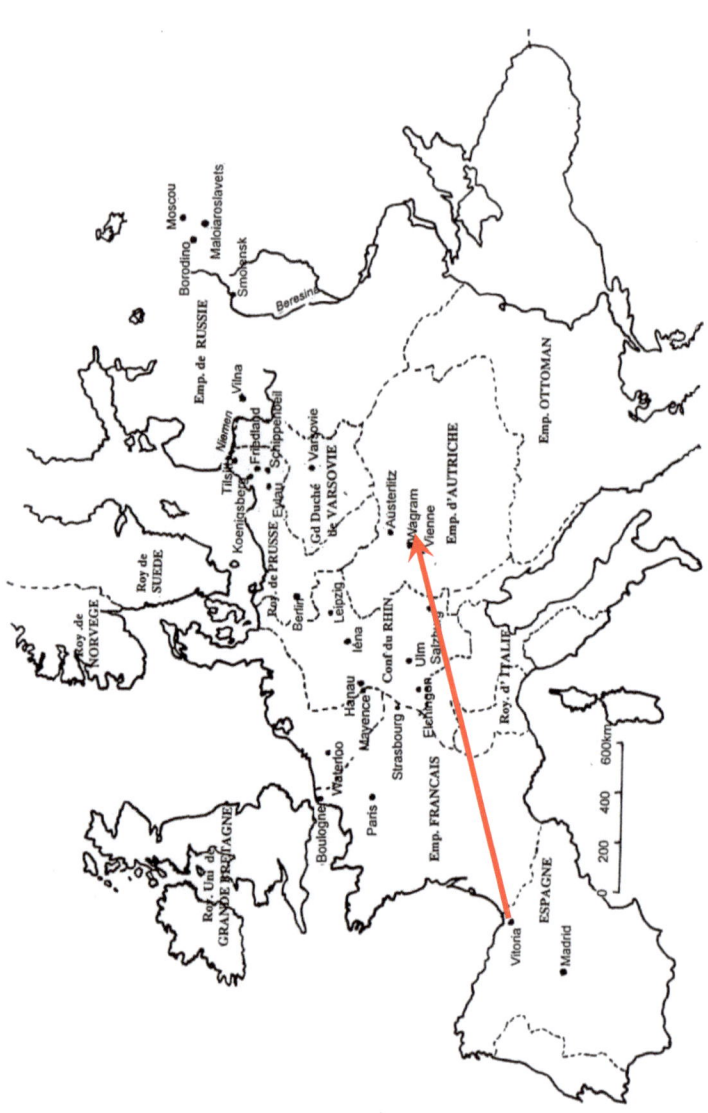

La deuxième campagne de Prusse

Wagram

Le 8 avril 1809, l'empereur d'Autriche reprenait la guerre. La deuxième campagne de Prusse commençait.

Après une première victoire à Eckmühl, le 22 avril, nous sommes entrés à Vienne le 13 mai. La guerre était dure. Cette ville ne s'est pas rendue sans combattre. Il a fallu la bombarder pendant deux jours.

Pour poursuivre les Autrichiens, nous devions franchir le Danube, qui est un fleuve large, profond et puissant.

Le 22 mai, nous étions bloqués dans l'île de Lobau, au milieu du fleuve. C'était une grande misère, car les ponts se rompaient et l'armée dût rester sur cette île, sans nourriture, sans secours.

Les chevaux avaient faim et tournaient la tête de droite et de gauche. Quelqu'un a dit : « *Tiens, voilà les chevaux qui lisent les gazettes* ».

Ce n'est qu'un mois plus tard, entre le 30 juin et le 4 juillet, que nous avons pu franchir ce fleuve. Le passage coûta 20.000 morts.

Le maréchal Masséna, qui avait remplacé le maréchal Lannes mort du typhus après sa blessure à Essling, avait fait une chute de cheval. Il participa à la bataille dans une calèche légère que lui procura le docteur Larey.

300.000 hommes s'affrontèrent en un combat gigantesque.

1.000 canons étaient en batterie sur 15 km. On se voyait, on pouvait observer les ordres de tir, on voyait partir les coups, il y en eut 400 par minute, et on entendait ronfler les boulets dont la portée maximum était de 1.500 à 2.000 mètres.

Les boulets étaient des masses de fer. Ils étaient pleins et ronds. Leur calibre numéroté correspondait à leur poids en livres. Le calibre 6 (6 livres soit 3 kg) était le plus employé par les armées alliées. Napoléon l'avait adopté. Son armée pouvait ainsi se fournir en projectiles dans les arsenaux conquis à l'ennemi, et récupérer sur le champ de bataille les canons et les projectiles envoyés la veille par les deux camps.

Le lendemain de la bataille de Wagram on ramassa 200.000 boulets qui purent servir à nouveau. On récupéra aussi les fusils abandonnés. Une prime de 30 sous était donnée pour chaque fusil complet, 15 sous pour une baïonnette ou un fusil incomplet.

Au cours de cette bataille, Napoléon a fait tirer ensemble les 100 canons de Lauriston, puis il ordonna la charge. La Garde y a participé et remporté la victoire. Nous avons enfoncé 3 carrés d'infanterie, pris 4 canons, fait prisonnier le prince d'Auersperg.

Le soir de la victoire, Napoléon parcourut le champ de bataille à son habitude, monté sur Euphrate, cheval blanc offert par le Shah de Perse. Il veilla lui-même au relèvement des blessés, qui signalaient leur présence en agitant leur mouchoir au bout de leur fusil, car les blés étaient très hauts. Il descendait de cheval, disait quelques paroles de réconfort.

En tout, la bataille de Wagram avec 27.000 morts ou blessés, inaugurait les effroyables tueries qui allaient suivre. Nos pertes dans la garde, avaient été très importantes. 1.200 blessés dont 45 sont morts, et 600 rapidement guéris sont retournés à leurs corps ; 250 ont été rapatriés. 38 d'entre eux avaient été amputés.

Les méthodes de soins mises en place par le docteur Larey permirent là aussi d'éviter de nombreux morts.

Le 12 juillet l'armistice était signé. La paix fut signée à Vienne le 14 octobre.

L'armée ennemie n'avait pas été détruite.

Nous avons protesté. Nous sentions fuir une victoire définitive qui aurait amené une paix durable. Un certain nombre d'officiers ont cassé leurs grands sabres sur leurs genoux.

Mais Napoléon ne voulait pas poursuivre la guerre :

« *Il y a eu assez de sang versé.* »

Cette guerre m'a laissé des surprises pour le moins étonnantes.
En voici deux.

Quand nous traversions la rivière à Würtzbourg, une femme affolée dont le mari venait d'être tué, s'est présentée au poste de garde et m'a confié provisoirement son enfant de 18 mois pour qu'il soit protégé. Nous sommes repartis si vite que cette jeune veuve n'a pas pu être prévenue. Je transportais le petit dans une poche de cuir fixée à mon sac. [13] Pendant les combats je creusais un trou dans la terre, j'y déposais le sac avec l'enfant pour le protéger et quand il n'y avait plus rien à craindre je revenais le chercher. À Wagram, c'est une balle qui m'a précédé. Il avait une légère blessure à l'épaule.

Après la signature de la paix, nous sommes repassés par Würzbourg et j'ai pu retrouver sa mère qui croyait son enfant définitivement perdu.

Le canonnier Jean Aubin, de Draguignan, avait été renversé par un boulet alors qu'il rechargeait sa pièce. La cuisse Il s'effondra dans les bras d'un camarade qui l'amena à l'ambulance de Larrey.

> « Aubin disait lui-même que le boulet, avant de l'avoir frappé, avait tué, non loin de lui, un autre canonnier, et il ne se plaignait que d'un sentiment de pesanteur incommode dans le membre blessé. Pour moi, en le saisissant pour en faire l'amputation, je lui trouvai une pesanteur spécifique extraordinaire, et je prononçai sur l'existence d'un corps étranger tel qu'un petit boulet ou un biscayen,

---

[13] Ceux d'entre vous qui ont lu « Les facéties du sapeur Camember » de Christophe, ont reconnu dans ce récit authentique l'origine probable de l'épisode de « Maman Camember ».

comme j'en avais rencontré plusieurs fois. ...

Je fis d'abord une incision parallèle à l'axe de la cuisse, ce qui mit à découvert dans l'aine un boulet du poids de cinq livres (2,5 kg) . »

Aubin s'est retiré à Draguignan où il jouit d'une très bonne santé.

Deux ans sans combattre

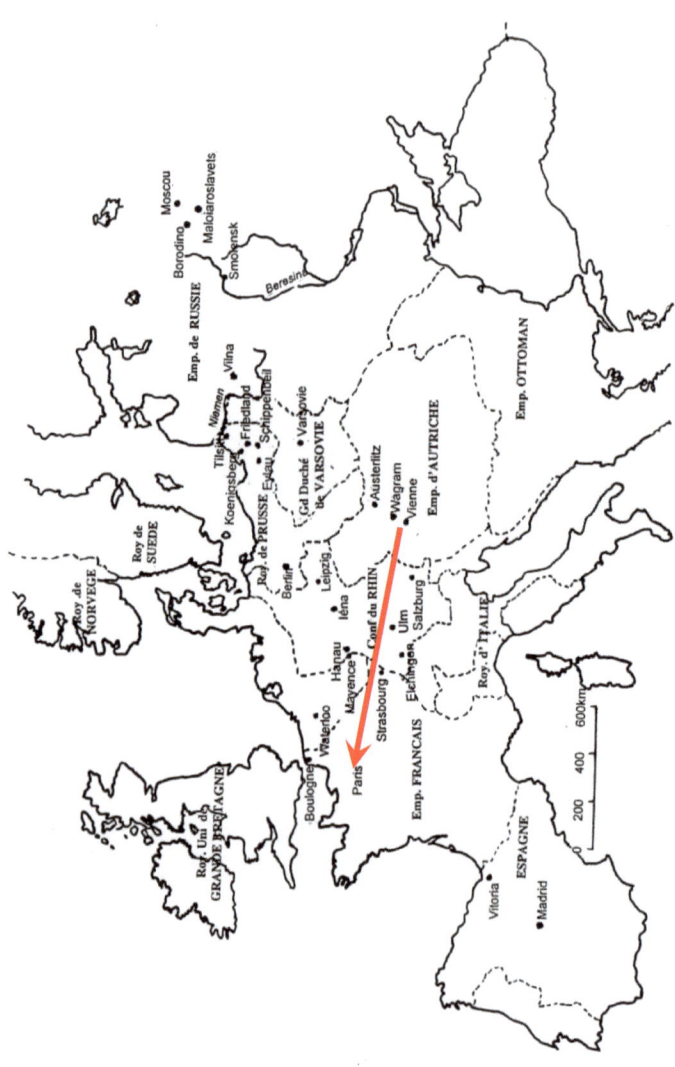

De Vienne à Paris

Après la signature de la paix à Vienne le 14 octobre 1809, l'Empereur est rentré à Paris et la Garde l'accompagnait.

La paix avait été signée ! Pour nous cela voulait dire que nous allions vivre sans craindre de nous faire tuer chaque jour sans savoir par qui, quand, ni comment.

Finies les chevauchées épuisantes, guettant chaque coin de bois, dormant à la belle étoile, pour nous réveiller sous un manteau de givre. Finies les attentes sous les boulets et la mitraille, les charges, et surtout la recherche après les combats des camarades manquant à l'appel, que nous retrouvions morts ou blessés et tentions d'amener à monsieur Larrey.

Si la paix existait, on disait qu'elle ne durerait pas. La Russie, après avoir été l'alliée de la France, préparait une revanche. Napoléon avait divorcé de sa première épouse Joséphine de Beauharnais le 14 décembre 1809, avait fait un enfant à Marie Walewska en Pologne, et demandé à l'Empereur Alexandre I° de Russie la main de sa fille Anne. L'empereur de Russie a cherché tous les prétextes pour ne pas la lui accorder. Alors, sur les conseils de Metternich, Napoléon a préféré épouser Marie Louise, fille de l'empereur d'Autriche, François I°.

Vexé, Alexandre a commencé un armement dès le mois d'octobre 1809, en s'alliant avec le roi de Suède Bernadotte, que Napoléon avait mis en place quelques mois plus tôt.

J'ai vécu à Paris en garnison, assurant le service de la garde de l'Empereur, l'accompagnant dans ses déplacements, et surtout dormant chaque jour dans un lit à la caserne de l'Ecole Militaire, et mangeant des repas préparés par les cuisiniers de la Garde.

Le temps se partageait entre les services, les entraînements, les cours de français, de mathématiques et de langues que des professeurs nous donnaient. L'Empereur voulait en effet que sa Garde reçoive une instruction lui permettant d'exercer plus tard un métier rémunérateur.

Pendant ce temps, j'ai pu revoir ma famille.
J'ai retrouvé Marie Françoise. Elle m'avait attendu. Cependant, il nous a encore fallu patienter pour notre mariage.

La famille de Napoléon s'est agrandie par la naissance du « Roi de Rome » Napoléon François Joseph Bonaparte, le 20 mars 1811. L'Empereur avait décidé que Rome serait la seconde capitale de l'Empire et que son fils en serait le roi.

En France, il y a eu de nombreux évènements politiques, scientifiques et sociaux.

Des créations scientifiques :
En Juin 1810, monsieur Appert a inventé la fabrication des conserves alimentaires.

Le blocus continental qui devait ruiner l'Angleterre, a eu en fait des conséquences plus importantes chez nous. Les denrées exotiques ont disparu des marchés, en particulier le sucre. On a alors commencé la culture des betteraves. Napoléon a donné ordre en mars 1811 d'en ensemencer 32.000 hectares. La fabrication du premier pain de sucre par Benjamin Delessert eut lieu en Janvier 1812. C'était des pains ronds et pointus entourés d'un papier bleu. Il fallait les casser avec un marteau pour obtenir des petits morceaux assez transparents que les enfants ramassaient sous les tables et qu'ils suçaient avec gourmandise.

Lamarck, dans son « histoire des animaux sans vertèbres », a décrit sa théorie de la transformation des espèces. Ce fut une révolution inaugurant une partie de la pensée moderne.

D'autres événements sociaux ont marqué ces années là : Création de l'assistance officielle aux enfants trouvés et abandonnés ; fondation de la Faculté des Lettres ; lois permettant l'expropriation pour cause d'utilité publique ; publication du Code Pénal ; création de l'Ecole Normale Supérieure et de l'école Polytechnique ; création de l'Internat des hôpitaux de Paris ; création de l'Ordre des Avocats ; transformation des pompiers de Paris en un corps militaire.

Avec le Pape Pie VII, les relations étaient détestables.

Napoléon s'est couronné lui-même empereur alors qu'il avait fait venir le Pape pour son sacre. Il a inclu les Etats Pontificaux dans l'Empire. Après son divorce d'avec Joséphine, le Pape l'a excommunié.

Napoléon l'a fait enlever et enfermer à Vérone, puis en 1812 à Fontainebleau.

Enfin, Napoléon a réuni un concile ! C'est d'habitude une assemblée convoquée sur ordre du Pape pour traiter d'affaires importantes de l'Eglise. Dans sa convocation, Napoléon voulait par force faire accepter par le Pape la nomination des évêques selon sa décision, sans son accord. L'assemblée des 104 évêques qu'il avait fait venir lui donna tort. Le Pape refusait toujours d'instituer les évêques que l'Empereur nommait.

Il est vrai que le Concordat de 1801 n'était qu'un mauvais accord. La signature avait été obtenue par Napoléon, pas encore Empereur, de curieuse façon. Le légat du Pape habitait dans une luxueuse résidence au 1 quai Voltaire, en face du Louvre. Il y recevait aussi ses maîtresses. Fouché le savait. Comme les négociations traînaient en longueur, il lui fit savoir que, si cela durait encore trop longtemps, sa conduite amoureuse serait divulguée….La signature suivit rapidement.

Nicolas Auguste EMERY

La funeste campagne de Russie

La guerre avec la Russie s'est annoncée en Septembre 1811.

Dans le même temps, la récolte de cette année fut désastreuse.

En Février 1812, notre armée faisait marche vers la Prusse qui était notre alliée.

Le 9 mai, Napoléon avec sa Garde partait de Paris pour Dresde.

Le 21 Juin, la Russie déclarait la guerre à la France.

Nicolas Auguste EMERY

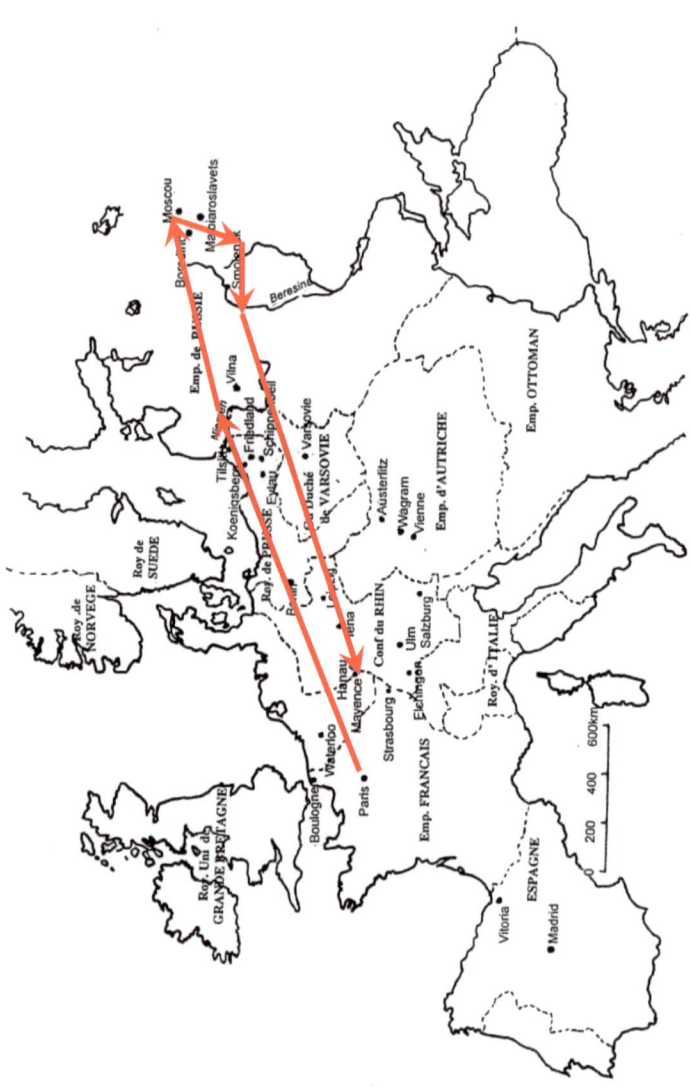

Le 9 mai 1812 nous partions pour Moscou
En novembre 1813, à Mayence,
nous n'étions plus que un sur dix

Hussard de l'Empereur

Kovno en Russie

Juin 1812

À Mademoiselle
Marie Françoise Lebrun

Marie Françoise bien aimée.

Après un voyage sans histoire, nous voici encore une fois au bord du fleuve Niémen. Il y a quelques années, les Russes fêtaient avec nous la fin d'une guerre.

Les mêmes sont entraînés maintenant, comme nous, à s'affronter à nouveau.

Le fleuve est noir. Nous devons le franchir demain. La Russie est un pays dont l'immensité nous fait peur.

Certains disent qu'une grande bataille doit avoir lieu prochainement et qu'elle décidera de l'issue de la guerre. Ce sera la dernière je l'espère.

Pourtant nous voyons peu de monde de l'autre côté du fleuve. Où sont-ils donc ?

Et puis, pourquoi combattre maintenant ce peuple qui nous a donné des marques d'amitié et avec lequel l'Empereur avait fait une alliance ? Comment peut-on appeler quelqu'un « mon cousin » et quelques mois plus tard le combattre ? La politique de l'Europe m'est vraiment incompréhensible.

Nous ne pouvons pas faire autre chose que de suivre, mais maintenant après tant d'années à se battre, la paix définitive est attendue avec impatience.

À bientôt. Ce mot vous parvient comme d'habitude par une voie détournée. Je crains que les sentiments qu'elle exprime ne la fasse arrêter par la censure.

Je vous embrasse tendrement.

Nicolas Auguste

Nicolas Auguste EMERY

Marches sans batailles

En 1812, voici la Grande Armée partie vers l'Est, vers Moscou.

Il y avait 700.000 hommes. Nous étions 300.000 Français. Les autres étaient des Italiens, des Napolitains, des Suisses, des Bavarois, des Saxons, des Croates, des Allemands du Nord, des Hollandais, des Polonais, des Espagnols même, des Prussiens, des Autrichiens.....

Le 22 Juin, nous étions campés au bord du Niémen, à Kovno (Karolath), jouissant d'une soirée calme et lumineuse. Nous avions pu pêcher des gros poissons, et nous les faisions cuire sur des baguettes.

Une silhouette fut aperçue, marchant au bord du fleuve. C'était dangereux, car l'ennemi était de l'autre côté, on voyait très bien les sentinelles, et la nuit les feux de camp.

Les chansons des soldats, aux accents nostalgiques, accompagnées de violons et de flûtes rudimentaires, donnaient à cette soirée un aspect bucolique et paisible, complètement irréaliste, car nous savions que nous devrions le lendemain franchir ce fleuve et sabrer ces chanteurs.

Nous avons crié : « Méfie toi ! ».

Comme il n'a pas donné de réponse, nous avons pensé à un espion et un groupe d'entre nous s'est avancé.

Quelle fut notre stupeur ! C'était bien un lancier à pied, mais quel lancier ! La main gauche enfoncée dans le pli de la veste, il était devenu facile de reconnaître l'Empereur déguisé, vêtu de la capote et du bonnet d'un lancier polonais. Il nous fit signe de nous taire et de nous retirer.

Il examinait seul, longuement, ce fleuve dont il avait donné l'ordre de franchissement, qu'il faudrait traverser, et dont le passage allait inaugurer ce que dans les livres on appelle maintenant la Campagne de Russie, le plus grand désastre militaire de notre histoire.

Nous ne le savions bien sûr pas à ce moment, tous au plaisir du repos et de la dégustation de notre pêche.

Lui restait pensif, comme si son instinct de guerrier lui faisait part des difficultés de cette nouvelle campagne.

A-t-il vu en songe alors les souffrances incroyables que nous allions endurer ? C'est peu probable. Il croyait à la puissance de son armée, à la rapidité de nos chevaux, et était certain de détruire, comme à l'habitude, en une manœuvre géniale conclue en quelques jours, l'armée de l'Empereur de Russie.

C'était sans compter sur la ténacité et le patriotisme de l'armée russe, ni sur l'art de manœuvres défensives alors inconnues en Europe, y compris par notre Empereur.

Le 24 Juin 1812, notre armée commença le franchissement du fleuve. Il lui fallut trois jours.

Nous nous sommes enfoncés ensuite dans les grandes plaines de l'Est. C'était l'été. La poussière envahissait tout. Des orages éclataient, entraînant une humidité chaude. L'armée Russe fuyait en détruisant tout dans sa retraite : les habitations, les moissons, les réserves, même les habitants.

Il n'y avait personne !

Certes, il n'y avait pas de bataille. Nous avions l'impression d'avancer dans un pays inhabité. Seules, les carcasses des maisons brûlées, les cadavres des paysans qui n'avaient pas pu fuir, témoignaient qu'on entrait dans une guerre tout à fait inhabituelle. Mais nous en avions vu d'autres.

Les Russes retraitaient sans combattre, comme pour entraîner notre armée au plus profond et au plus sauvage du pays, en préparation de l'hiver qui viendrait tout faire disparaître sous son manteau glacé. Ils nous entraînaient de plus en plus loin dans l'Est, dans une fuite inhumaine.

Nicolas Auguste EMERY

La Grande Armée était si grande que le ravitaillement est devenu rapidement extrêmement difficile. Après quelques jours de campagne, les vivres de réserve étaient épuisés. On ne trouvait pas de vivres frais.

Les chevaux tiraient les canons et les chariots. Ils étaient nos montures. Ils devaient manger du seigle vert. Ils ont attrapé le gros ventre et ils mouraient. Au début de la campagne, il y en avait 80.000. Huit jours après, 8.000 étaient morts. À Vitebsk, après 34 jours, il ne restait que 22.000 chevaux.

J'ai changé souvent de cheval, car malgré mes soins, ma bête n'échappait pas aux maladies foudroyantes. Je prenais le cheval d'un camarade tué ou blessé.

Puis, même ces bêtes ont manqué. Alors, nous avons réquisitionné les chevaux des paysans. Mais ce n'était pas la même race que les nôtres. Ils étaient plus petits. On les appelait les « cognats ». Si petits que les pieds des « gros talons », ainsi qu'on nomme les cuirassiers, traînaient par terre, ce qui nous faisait bien rigoler.

Les hommes n'étaient pas mieux lotis. Nous avions faim et vivions dans des conditions déplorables. Pour manger, on moissonnait les blés qui restaient, battant les épis sur des appareils de fortune et cuisant des galettes grossières sous la cendre.

On ne se lavait pas.

Les villes brûlaient avant l'arrivée ou pendant l'assaut.

Il y eût bientôt 150.000 traînards. Beaucoup n'ont pas rejoint leur unité et ont préféré retourner discrètement dans leur pays.

Notre cavalerie légère cherchait l'ennemi et le signalait toujours enfui, toujours plus loin.

Nous étions à Vilna le 28 juin. Le 18 août à Smolensk. La ville avait brûlé avant notre arrivée et ses habitants avaient fui.

Puis l'automne est venu avec les pluies. Les chemins sont devenus défoncés. Les approvisionnements arrivaient de plus en plus lentement ou pas du tout, car la corruption s'était installée chez les fournisseurs de l'armée. Même pour les munitions.

Le grand désastre s'annonçait.

L'Empereur refusait de suivre les conseils de ses maréchaux qui le suppliaient de ne pas continuer.

Une angoisse nous envahissait de nous savoir de plus en plus loin de la France, de ne pas trouver d'ennemi à combattre pour de bon, de sentir chaque matin la température de plus en plus fraîche annoncer l'hiver, que nous savions rude, mais sans en avoir encore expérimenté la froidure terrifiante.

Nous pensions que la prise de Moscou nous donnerait un répit permettant d'attendre au chaud l'année suivante.

Borodino

Le 7 Septembre, au cours d'une reconnaissance, je pus voir les retranchements en cours d'édification à Borodino à 150 km de Moscou. Enfin, la vraie bataille allait avoir lieu, nous allions triompher et la paix suivrait.

La bataille de la Moskova fut terrible. La redoute de Borodino fut prise et reprise plusieurs fois. On a tiré 120.000 coups de canon et 3.000.000 de coups de fusil. A la fin de la journée, il y avait 50.000 morts chez les Russes, 10.000 morts et 20.000 blessés chez nous. 6.000 chevaux avaient été tués. 47 généraux et 37 colonels étaient perdus. Les chirurgiens de Larrey ont soigné 9.500 blessés. En tous cas, c'est la première fois que l'armée française a perdu en quelques heures un nombre aussi grand de soldats.

Qui a gagné ? Personne.
La Garde tout entière resta immobile. Nous attendions les ordres qui ne venaient pas. L'Empereur voulait nous ménager. Il a eu tort, car si nous avions donné, la victoire aurait été totale, la guerre terminée.

Les Russes se sont enfuis, emportant une grande partie de leur armement. Le soir, nous avons fouillé les morts, non pas pour y trouver des trésors, mais pour manger. C'était une aubaine que de trouver des biscuits, et surtout du sel, qui manquait totalement, et un peu d'eau de vie.
Il y avait encore des gerbes de blé dans les champs. Nous avons donné la paille aux chevaux et nous avons arraché les épis.
Le grain était notre seule nourriture.

Moscou

Le chemin jusqu'à Moscou a été franchi sans rencontrer personne. L'entrée dans la ville est devenue une fête grandiose. Pas en décors, mais en ripailles. La traversée de cette ville de 40.000 âmes a pris trois heures. Elle était vide. Les étals des marchés semblaient avoir été abandonnés il y a très peu de temps. Quelques personnes aux fenêtres regardaient sans mot dire.
A la sortie de la ville que nous avons traversée sans combattre, nous avons enfin rencontré des troupes ennemies. Trois régiments de dragons russes étaient là, pied à terre. Leurs chevaux étaient dans un état identique aux nôtres, c'est à dire épuisés.
Nous nous sommes dévisagés, ne sachant pas quoi faire. Nos

officiers et les leurs se regardaient sans idée de combat. Puis nous nous sommes abordés en nous serrant la main, échangeant nos gourdes.

Une délégation russe a apporté le pain et le sel. Dans ce pays c'est le geste traditionnel d'accueil bienveillant aux visiteurs. Un général Russe a proposé « un armistice tacite pour faciliter la retraite . » Mais ces effusions n'ont pas duré. Un messager, de quel camp est-il venu, a mis fin à ces fraternisations. Les quelques éléments de l'armée russe se sont évanouis à nouveau vers l'Est.

J'étais complètement épuisé. J'avais chevauché pendant quatre mois à la poursuite d'une armée fantôme, qui était apparue combien redoutable lors des combats de la Moskowa.

J'imaginais ces soldats, encore invaincus, reprenant leurs forces loin dans l'est, dans l'immensité de ce pays, en attendant des jours opportuns pour se jeter sur nous et nous massacrer. Car nous connaissions la cruauté des Cosaques qui n'a rien à envier à celle des Espagnols que nous venions de quitter.

Et pourquoi cette nouvelle guerre, dont l'enjeu ne nous avait pas été expliqué ?

Je n'avais plus goût à rien. Si encore nous avions pu manger à notre faim ! Si encore les combats, y compris le dernier avaient eu un sens, permettant d'obtenir la paix !

Le maréchal Grouchy commandant la cavalerie a écrit alors :

« La perspective qui se présente accroît ma mélancolie. Je crois que je finirai par demander de rentrer en France pour raison de santé. La destruction totale de la cavalerie, qui est réduite à rien, les minces résultats que je peux espérer, m'ont fait prendre mon parti. Je demanderai ma retraite. On attend une réponse de l'Empereur Alexandre aux ouvertures de paix qui ont été faites, mais on se bat toujours aux avant-postes. Il faudra bien que la paix se fasse, parce que des guerres de cette espèce ne peuvent pas durer longtemps. »

Et pourtant, Moscou s'est présentée d'abord comme une ville de cocagne.

Nous étions logés au couvent de Novodevitchi. Nous y avons fait des orgies de poisson fumé, de concombres et de confitures.

Il y avait dans les greniers de la ville de quoi nourrir l'armée pendant au moins six mois.

Comme nos uniformes étaient en bien mauvais état et que le froid commençait à se manifester, nous nous sommes refait nos habits. Tout était bon. Costumes turcs, persans ou chinois, pelisses de fourrures. Nous avions trouvé un stock de châles de cachemire.

Le couvent de Novodevitchi

Le grand incendie

Les Russes, poursuivant leur guerre d'usure, ont mis le feu à la ville. Les détenus des prisons ont été libérés par le général Rostopchine avec mission de tout incendier. Il avait lui-même brûlé son palais et affiché devant sur une pancarte :

« J'ai embelli pendant huit ans cette campagne et j'y vivais heureux au sein de ma famille. Les habitants de cette terre au nombre de 1.720 la quittent à votre approche et moi, je mets le feu de ma propre volonté à ma maison pour qu'elle ne soit pas souillée par votre présence. Français, je vous ai abandonné mes deux maisons de Moscou. avec un ameublement valant un demi-million de roubles. Ici, vous ne trouverez que des cendres. »

Puis, il a fait appel aux habitants :

« Gens des campagnes, habitants du gouvernement de Moscou, l'ennemi de toute société humaine, le fléau de Dieu pour nos péchés, le tentateur infernal, le scélérat français enfin, a pénétré dans Moscou et l'a livrée au fer et aux flammes ... Détruisez la vermine étrangère et jetez les cadavres en pâture aux loups et aux corbeaux ... Songez au Tsar : il est l'oint du Seigneur et nous lui avons juré fidélité. »

Dire que ce général est un parent de l'auteur des romans enfantins « Les malheurs de Sophie » et « Le général Dourakine », qui ont fait les délices de l'enfance française pendant plus d'un siècle !

Le docteur Larrey a bien décrit cet incendie mémorable, qui a conditionné en partie la décision de la retraite.

« Ces misérables, excités, soit par un ordre supérieur, soit par un mouvement spontané, et dans la vue sans doute d'exercer le pillage, se portaient, aux yeux de tout le monde, d'un palais à l'autre, pour y mettre le feu. Les patrouilles françaises, quoique peu nombreuses et fréquentes, n'avaient pu les en empêcher.

J'ai vu prendre plusieurs de ces individus sur le fait. On avait saisi dans leurs mains des mèches allumées et des matières combustibles.

La peine de mort, appliquée à ceux que l'on prenait en flagrant délit, ne faisait nulle impression aux autres ; et l'incendie continua trois jours et trois nuits sans interruption.

En vain nos soldats coupèrent les maisons pour l'arrêter ; la flamme franchissait bientôt les espaces, et en un clin d'oeil les bâtiments ainsi isolés étaient embrasés.

Toute la cité était en feu, des gerbes épaisses de flammes de couleurs variées s'élevaient de toutes parts, jusqu'aux nues, couvraient en entier l'horizon, portant au loin une lumière éclatante et une chaleur brûlante.

Ces gerbes de feu projetées dans tous les sens et entraînées par la violence des vents, étaient accompagnées dans leur ascension et dans leur marche rapide par un sifflement épouvantable et par des détonations foudroyantes, résultat de la combustion des poudres, du salpêtre, des huiles, résines et eaux de vie, dont la plupart des maisons et des boutiques étaient remplies.

Les plaques de tôle vernissée qui couvraient les bâtiments se détachaient brusquement sous l'effet de la chaleur et allaient jaillir au loin.

Des portions très considérables de solives ou de poutres en sapin enflammées, lancées à de très grandes distances, servaient à propager l'incendie jusqu'aux maisons que l'on croyait les moins exposées à cause de leur éloignement.

Les hommes du bas peuple qui étaient restés dans Moscou, pourchassés d'une maison à l'autre, jetaient des cris lamentables. Très jaloux de sauver ce qu'ils avaient de plus précieux, ils se chargeaient de ballots qu'ils avaient peine à porter, et que souvent on les voyait abandonner pour se soustraire aux flammes.

Les femmes, conduites par un sentiment d'humanité bien naturel, emportaient un ou deux enfants sur leurs épaules, traînant les autres par la main ; et, pour échapper à la mort qui les menaçait de toutes parts, couraient, les jupes retroussées, se réfugier dans les coins des rues et des places. Mais l'activité du feu les forçait bientôt d'abandonner cet asile, et de fuir précipitamment de tous côtés, sans pouvoir quelquefois sortir de cet espèce de labyrinthe, où plusieurs d'entre elles trouvèrent une fin malheureuse.

J'ai vu des vieillards dont la longue barbe avait été atteinte par les flammes, traînés sur de petits chariots par leurs propres enfants, qui s'empressaient de les enlever de ce véritable tartare.....

Enfin, en huit ou dix jours, cette immense et superbe cité fut réduite en cendres, à l'exception des palais du Kremlin, de quelques grandes maisons et de toutes les églises, ces édifices étant construits en pierre. »

« *Nous marchions sur une terre en feu, sous un ciel de feu, entre deux murailles de feu* », a dit le comte de Ségur.

Malgré ce drame, une grande partie des provisions de la ville avait été épargnée. Nous aurions pu vivre l'hiver dans ces ruines, en ayant à manger.

Daru disait que Moscou, malgré l'incendie, pouvait nourrir encore l'armée pendant de longs mois.

La retraite de Russie

Sans tenir compte des conseils donnés de toutes parts par les meilleurs de ses généraux, l'Empereur a ordonné la retraite.

Aucun argument n'a été écouté.

Nicolas Auguste EMERY

« *Dépêchons-nous. Il faut dans deux mois être dans nos quartiers d'hiver* ».

Il a donné l'ordre d'emmener des provisions pour un mois. La retraite en a duré trois.

De plus, cette ville regorgeait de richesses. Les églises étaient remplies d'objets d'art en or, les habitants possédaient des bijoux. C'était bien tentant d'essayer d'en ramener quelque partie. Les soldats étaient d'origines si pauvres que c'était pour eux une manne avec laquelle ils pensaient assurer le reste de leur vie et pouvoir réaliser des rêves fous.

Alors l'armée s'est alourdie de bagages « comme on n'en a jamais vu dans aucune guerre. » Des files de chariots remplis d'objets. On en a compté environ 20.000. Calèches et berlines ont été surchargées de tous ces trésors et la nourriture a été bien négligée.

La file interminable des compagnies à pied s'est ébranlée le 25 octobre. La Garde faisait partie de ceux qui fermaient la marche, avec les corps de Davout et de Ney.

Les Russes sont réapparus, venant de nulle part. Les combats se succédaient. Nous y étions tous les jours.

Le matin du 25 novembre, à la pointe du jour, Napoléon, revenant de Malajaroslavets, fut entouré tout à coup, avec son escorte dont je faisais partie, par plusieurs milliers de cosaques, qu'une brume épaisse avait empêché de distinguer d'abord. Ils enlevèrent plusieurs pièces de canon. L'empereur lui-même courut de grands dangers. Cependant, en faisant des prodiges, nous pûmes les disperser et reprendre les canons. Il y eut beaucoup de blessés.

Les premières gelées sont survenues. Les chevaux souffraient. Ils ne pouvaient plus être nourris. Ils n'avaient pas été ferrés à glace avec des fers cramponnés armés de clous pointus. Ils glissaient, tombaient.

Nous avons dû mettre pied à terre et les conduire par la bride. Pour eux aussi la retraite a été un drame. Il a fallu les abattre. Dès le 5° jour de neige, 30.000 chevaux étaient déjà morts, alors qu'on n'avait parcouru que 120 km.

Le froid ne nous était pas inconnu. Nous l'avions expérimenté en Espagne pour la première fois en 1808 ; on n'en avait pas tiré les leçons. Ici c'était bien pire !

La retraite de Moscou fut une expérience atroce.

> « Les premiers froids, survenus presque tout à coup, furent pernicieux à plusieurs de nos jeunes gens, et surtout aux animaux, qu'on retrouvait fréquemment, sur les bords du chemin, étendus morts dans la neige.
>
> Ceux de nos compagnons qui avaient contracté la bonne habitude de marcher, et qui avaient pu conserver un peu de café et de sucre, étaient moins en danger.
>
> L'exercice habituel prévenait l'engourdissement des membres, entretenait la calorification et le jeu des organes, tandis que le froid saisissant les individus portés sur des chevaux ou des voitures, les jetait bientôt dans un état de torpeur et d'engourdissement paralytique, qui les portait à s'approcher d'autant plus des feux des bivouacs, qu'ils ne sentaient pas les effets de la chaleur sur les parties gelées : c'est ce qui provoquait la gangrène, dont j'ai eu le bonheur de me préserver en marchant continuellement à pied, et en me privant entièrement du plaisir de me réchauffer. »

Le maréchal Ney, « le rougeaud » car il est roux, tenait l'arrière garde en combattant avec nous, à pied.

Les cavaliers jetaient leur sabre, devenu inutile. J'ai gardé le mien.

Cette retraite a été abondamment décrite et peinte, mais sans pouvoir exprimer les souffrances indicibles qui vont suivre et que peu d'entre nous ont racontées.

Nous avons commencé à manger la viande des chevaux car il n'y avait rien pour se nourrir. Ce régime exclusivement composé de substances animales, sans graisse car la viande de cheval n'en comporte pas, ne contient aucune énergie pour lutter contre le froid. Il est toxique par l'accumulation des produits dérivés de la viande que le corps ne peut ni assimiler ni éliminer, faute de sucres et de graisses. Un grand nombre d'entre nous sont morts le ventre plein mais empoisonnés par ce régime déséquilibré.

On en était réduit à sucer des glaçons de sang de cheval, boudin d'un nouveau genre porté en bandoulière.

Le déplacement de la grande armée a été considérablement compliqué par la présence des accompagnants non militaires qui avaient suivi la campagne et que nous devions maintenant protéger.

Il y avait là des familles d'officiers, des membres de théâtres ambulants qui se disaient parfois « théâtre de l'empereur », des vivandières avec leurs chariots et leurs cuisines ambulantes, des filles de petite vie, des marchands. Nous profitions des avantages de leur présence. Et eux tiraient, pour certains, grand profit de la situation. Dans plusieurs circonstances ils ont sauvé la vie de l'Armée en assurant les approvisionnements que l'Intendance n'avait pas pu acheminer.

Cette population n'était pas propre à l'armée enfoncée en Russie. On la trouvait aussi chez nos ennemis. Mais ce qui changeait ici c'est que jusqu'alors ils avaient suivi une armée victorieuse.

Les accompagnants des armées que nous avions battues sur le champ de bataille, étaient pour nous des proies pour le pillage. Les réserves, l'argent qu'ils transportaient, agrémentaient agréablement notre ordinaire.

Maintenant les rôles étaient inversés.

Au départ de Moscou, certains notables avaient été prévoyants et roulaient dans des charrettes douillettement enveloppés de fourrures. Ils avaient entassé dans les coffres de leurs voitures ou de leurs chariots suffisamment de nourriture, des vêtements chauds, des vivres, achetés ou volés. Mais ils étaient souvent à la traîne, proies faciles pour les cosaques. Et quand pour leur malheur, leur voiture était immobilisée par un boulet, une roue cassée, la mort d'un cheval, nous vidions sans hésiter le véhicule de son contenu, laissant les occupants continuer à pied, comme nous, malgré leurs cris.

Le nombre des morts parmi ces gens n'a jamais été comptabilisé.

J'ai eu les pieds gelés

« Les gelures sont devenues fréquentes. On les appelait alors « gangrène de congélation ». Le froid gagne les tissus en provoquant seulement un engourdissement, une stupeur, sans être frappés de mort. Et si ce froid diminue par degrés l'équilibre peut facilement se rétablir avec le jeu des organes, et les dispositions à la gangrène disparaîtront. En revanche, le passage direct d'une température glaciale à la chaleur fait survenir un engorgement à la partie affectée, les vaisseaux perdent totalement de leur ressort et la gangrène se caractérise. La gangrène de congélation établit une ligne de démarcation entre les parties mortes et les parties saines. La chaleur, subitement appliquée sur les parties que le froid a stupéfiées, peut être considérée comme la cause déterminante. »

Les frictions de neige, les lotions d'eau de vie camphrée appliquées le plus tôt possible, prévenaient les gelures, alors que plus tard l'amputation réglée était de mise en face d'une nécrose définitive.

C'est un jour au cours duquel la température était descendue à moins 30 degrés que j'ai eu les pieds gelés.

J'allais à pied, comme le plus grand nombre des hussards de la garde, car nos chevaux étaient pour la plupart morts, et parce que la marche à pied nous avait été recommandée par le docteur Larrey afin d'éviter l'engourdissement des membres inférieurs.

Ce jour là, mon chef d'escadron me demanda de porter un message à l'escorte de l'Empereur. Nous étions en queue de l'immense convoi formé par les débris de la grande armée. L'Empereur et son escorte étaient en tête, à plusieurs jours de marche de notre compagnie. On me fit donner un cheval en me recommandant soigneusement d'en descendre très régulièrement pour faire un peu d'exercice afin de favoriser la circulation des jambes.

Le froid que j'ai ressenti pendant cette chevauchée n'a ressemblé a rien de ce que j'avais souffert jusqu'alors. Le mouvement du cheval, bien qu'assez lent, car j'allais le plus souvent à l'allure du pas, le trot étant impossible dans la neige, exerçait sur mon corps un certain vent qui augmentait encore ses effets.

Plusieurs fois je me suis arrêté pour frotter avec de la neige mes oreilles et mon nez que je ne sentais plus. Je sautais à cloche pied, je frappais mes mains dans mon dos. Et je repartais.

Bientôt je vis dans le lointain les chariots qui annonçaient le groupe de soldats entourant l'Empereur. Alors je n'ai plus fait de halte. Je pensais que j'atteindrais rapidement le but de ma mission, sans me rendre compte que la distance qui me séparait de la fin de ce cauchemar était encore de plusieurs heures.

Quand je descendis de cheval, je ressemblais m'a-t-on dit à un bloc de glace. Ceux qui m'ont aidé pensaient même que j'étais mort et que le cheval continuait seul la mission qui m'avait été confiée.

J'ai pu leur désigner ma vareuse. Ils ont pris le message qui a été porté et ils se sont occupés de moi.

Une fois de plus, la chance m'a visité, car j'étais tombé sur une équipe des ambulances de la Garde, qui avait reçu des consignes très spéciales pour traiter les victimes du froid.

Il y avait là une grange épargnée par l'incendie. Sans prendre attention à mes cris, qui en fait n'étaient plus que des gémissements, je fus déshabillé et mis nu dans le foin. On apporta alors des seaux de neige avec lesquels je fus frictionné vigoureusement. Au début, je ne sentais rien, ni froid, ni chaud. Mais au bout de quelques minutes, une chaleur intense m'envahit. Mon corps devint tout rouge. Une torpeur agréable me saisissait. Les infirmiers, encouragés par cette coloration, me frottaient de plus belle, en s'exclamant à haute voix. Mais je remarquai que quand ils frottaient mes pieds ils se taisaient. Je ne sentais aucune chaleur à ce niveau. J'ai pu me redresser et jeter un coup d'œil. J'ai compris que mes pieds étaient gelés.

C'était une condamnation à mort. Que voulez-vous faire avec des pieds gelés, sans pouvoir marcher, alors qu'il reste encore plusieurs milliers de kilomètres à parcourir avant de rejoindre la France, sans compter les Cosaques ?

De grosses larmes coulaient dans la crasse de mon visage. Elles ne gelaient pas aussitôt, car dans cette grange la température était voisine de zéro degrés.

Après la friction de neige, on m'a rhabillé. Mes pieds ont encore été frottés avec de l'alcool, puis enveloppés dans des linges. On m'a fait manger quelques morceaux de cheval bouilli qui m'ont semblé un festin, et m'ont donné des forces.

Le lendemain, j'étais étendu dans un chariot à côté d'autres blessés. On me dit que nous allions arriver bientôt à Smolensk et que là je trouverais des soins dans un hôpital bien équipé.

Je regardais mes pieds. Les dégâts des gelures étaient importants, car tous les orteils étaient d'une blancheur intense et insensibles, sauf les deux gros. Un jour plus tard, ils étaient noirs.

Je demandai à voir un des chirurgiens qui nous accompagnaient.

« Docteur, lui dis-je, coupez-moi ces orteils. Avec eux je ne puis marcher. L'infection risque de s'y installer. Surtout, je souhaite rejoindre le plus rapidement possible mon régiment. Je sais que si je suis conduit dans un hôpital je serai un jour ou l'autre prisonnier. Vous savez ce que nos ennemis font des prisonniers qu'ils trouvent. Je veux revenir en France. »

Il accéda à ma demande et me fit l'amputation des orteils, par désarticulation au ras du pied, sauf les deux gros.

J'arrangeai mes bottes en bourrant l'espace qui était devenu vide au bout avec des chiffons. Je pus bientôt marcher. Cette marche activa la circulation et les plaies furent rapidement guéries.

Il me suffit lors de marcher un peu plus lentement pour permettre à l'armée de me dépasser et rejoindre ma compagnie.

Le cheval qui m'avait amené était déjà mangé.

On me croyait mort.

Sur mon tableau de services, une note simple dit :

« A eu les pieds gelés à la retraite de Moscou . »

Maintenant vous savez mieux de quoi il s'agit et quelles souffrances j'ai endurées alors.

Pour éviter toutes ces gelures des pieds, car je n'étais pas le seul, nous aurions du prendre exemple des Russes. Ils portaient des bottes de feutre et nous étions surpris par leur taille, bien plus grande que celle de leurs pieds.

Ils n'avaient pas de gelures. La raison est simple. Dans des bottes aussi grandes, ils pouvaient faire mouvoir leurs orteils. Dans les nôtres, très ajustées autour du pied, les orteils serrés étaient privés d'une bonne circulation et ainsi exposés aux gelures. Ceux qui ont volé les bottes des Russes tués pour remplacer les leurs trop usées, n'ont pas eu de gelures aux pieds.

Il y a eu un espoir de se ravitailler à Smolensk.

Quand nous sommes arrivés sous les murs de la ville, il a été impossible d'empêcher l'armée de se répandre dans les quartiers pour chercher nourriture et chaleur. La troupe de soldats avait été réduite à une bande d'hommes affamés devenus incontrôlables.

Comme d'habitude, la Garde disciplinée et bien administrée à laquelle j'appartenais, avait droit à des distributions régulières en pain, viande et biscuit, vin et eau de vie.

À Smolensk, ce n'est qu'après que la Garde a eu touché ses vivres et reçu ses approvisionnements de réserve, que le reste de l'armée, réduit à bivouaquer sous les murs et dans les faubourgs de la ville depuis longtemps dévastée, a été autorisé à envoyer ses commis de vivres. La distribution régulière a commencé, avec de bons approvisionnements, mais l'impatience a vite conduit à une colère irrépressible et au pillage. J'ai vu des soldats se pourfendre au sabre pour un pain.

De la cavalerie, il ne restait que 1.200 sabres. Les derniers chevaux étaient morts.

Nous sommes repartis le 12 novembre.
La poste ne fonctionnait plus.
Il restait 50.000 hommes de cette grande armée et 127 canons. Il faisait moins 19 degrés.

Les derniers coups de canon ont été donnés le 4 décembre par l'arrière garde. Après il n'y a plus eu ni canons, ni poudre, ni chevaux.

Napoléon quitta l'armée pour rentrer à Paris d'où on lui avait rapporté les nouvelles d'une tentative de coup d'état. Je n'ai pas été choisi pour l'escorter.

L'armée a été confiée à Murat et à Berthier.

Murat s'est s'enfui.

Le 6 et le 8 décembre ont été les jours les plus terribles. Le 6 décembre, le thermomètre que le docteur Larrey portait en permanence sur le devant de ses vêtements, attaché par un cordon autour du cou, marquait moins 27 degrés. Il écrit dans ses lettres 27 degrés, ne tenant pas compte de la température négative.

> « On pouvait alors à peine se tenir debout et exécuter de simples mouvements. Celui qui perdait l'équilibre et qui tombait à terre était aussitôt frappé d'une stupeur glaciale et mortelle...Ses compagnons ne détournaient pas les yeux pour le regarder.
>
> À l'exception de quelques troupes d'élite de la garde, qui avaient pu conserver leurs capotes ou manteaux, leurs chaussures et leurs gants, toute l'armée était dans un affreux dénuement, sans armes, sans aucun signe capable de faire reconnaître les corps.....
>
> Malheur à celui qui se laissait saisir par le sommeil ! Quelques

minutes suffisaient pour le geler entièrement, et il restait mort à la place où il s'était endormi.

Le 8 décembre : moins 28 degrés !

Nous étions au milieu d'un brouillard qui couvrait de cristaux toutes les villosités du corps et des vêtements. Ceux qui étaient suspendus aux cils, sous forme de stalactites, interceptaient plus ou moins le passage de la lumière et gênaient infiniment pour la marche.

On marchait dans un morne silence. Dans cet univers sinistre drapé d'un blanc uniforme qui efface tout relief, tout paysage, tout bruit, on entend à peine le crissement des pas sur la neige glacée ou la chute brutale d'un corbeau, terrassé en plein vol par le gel.

Le canon glacé des armes brûlait et arrachait la peau des doigts. Les soldats les abandonnèrent.

Il fallait marcher droit, sans se retourner, et en faisant de continuelles grimaces pour empêcher le nez et les oreilles de « se prendre » et débarrasser les moustaches des glaçons.

Les blessés affluaient. J'avais à emporter ainsi plus de deux mille blessés. J'obtins de l'Empereur un ordre qui imposait à tout officier, tout cantinier, tout émigré de Moscou qui avait une voiture, de prendre un ou plusieurs blessés avec lui. »

Les misères des soldats

La luminosité excessive et sa réverbération sur la neige nous rendaient aveugles.

« J'ai vu un jeune tambour de douze ou treize ans, en haillons, assis sur les genoux de son père. Son émotion augmenta quand il apprit que l'enfant était subitement devenu aveugle.

Après l'avoir baigné, réchauffé, habillé, on lui appliqua sur les yeux un pansement imbibé de vin chaud camphré et un « moxa », (bâtonnet d'armoise incandescent) sur le trajet du nerf facial, à la sortie du crâne, derrière l'angle de la mâchoire.

À la deuxième application de ce moxa, l'enfant vit la lumière. à la quatrième il distinguait déjà les objets et les couleurs. À la septième il avait recouvré la vue » .

Ici, en Russie, les soldats de la grande armée, tous des hommes jeunes, sont subitement devenus des vieillards amaigris, voûtés, aux visages émaciés où l'on ne distinguait que des yeux considérablement agrandis, au regard fixe, éteint, terne.

J'en vois encore un qui était venu se chauffer un peu au feu de bivouac que nous avions allumé.

Il était couvert de haillons de toutes couleurs, et n'avait conservé de son bel uniforme que son sabre et quelques lambeaux de fourrure de son bonnet, avec lesquels il couvrait sa tête, sa figure et ses oreilles.

Le froid qui prenait sa respiration dès qu'elle sortait de sa bouche, faisait pendre des glaçons de ses belles moustaches et dessinait une espèce d'auréole autour de son visage dans les restes de son bonnet à poil.

Il n'avait pu conserver qu'une seule botte, l'autre pied était enveloppé par plusieurs débris de schabraque[14] et de drap, liés autour de sa jambe par de vieilles lanières de cuir.

Il était d'une grande taille, élégante même, et tous les traits de sa figure respiraient la sérénité, le calme et la résignation.

Il déploya un morceau de toile et dit en l'approchant du feu pour le faire sécher : « *Allons, faisons ma lessive.* » Quand ce prétendu mouchoir fut sec, il racla minutieusement le tabac qu'il pouvait contenir et le serra dans un morceau de papier sale qui lui servait de tabatière en disant d'un ton grivois :

« *Nous sommes tous foutus, mais c'est égal ; nous les avons toujours bien battus, tout de même. Ces Russiaux ne sont que des écoliers !* »

---

[14] Débris de peaux d'animaux

La Bérézina

La température s'est radoucie, et ce qui pouvait être un bienfait s'est transformé en désastre parce que les rivières dégelaient, ce qui gênait leur passage.

La Bérézina n'est qu'une petite rivière, large seulement de 80 mètres environ. Elle n'est profonde que de deux mètres. C'est ainsi un obstacle apparemment très minime, comme l'armée en a franchi de nombreux et on pourrait être étonné que le passage de ce ruisseau ait pu être si difficile et provoquer une telle catastrophe. Mais la température s'était radoucie, et ce cours d'eau, facile à traverser en période de gel intense, est devenu un piège infernal.
La rivière était en crue, elle charriait des glaçons. Le pont habituel était tenu fortement par les Russes. Une exploration a montré qu'il existait un peu plus en aval, un passage. C'était le gué de la Studienka.
Le fils du général Oudinot fit l'exploration de ce passage. Il a traversé trois fois cette rivière à la nage, écartant les glaçons menaçants, sondant le courant.
Tandis qu'une partie de l'armée tenait tête aux Russes pour faire diversion, deux ponts furent construits par le Général Eblé et ses pontonniers avec des bois provenant de la destruction du village voisin de Weslowo. Un pour les fantassins, l'autre pour les chariots et les canons.
En attendant, la Garde établit ses quartiers dans un château rempli de fourrage, de farine et de haricots.

Hussard de l'Empereur

Le 26 novembre 10.000 hommes étaient passés.
Le docteur Larrey raconte la suite.

« Mais au passage des canons de gros calibre, l'un des ponts se rompit : la marche du reste de l'artillerie, de tous les équipages et des ambulances se trouva ainsi suspendue.

Cet accident jeta la terreur chez tous ceux qui étaient restés sur la rive gauche.

Notre arrière garde fit toute la résistance possible. Forcée dans sa position, elle voulut même effectuer sa retraite, et ce mouvement facilita davantage l'approche de l'ennemi, dont les boulets et les obus tombaient sur la foule immense déjà formée à la tête des ponts, qu'on avait réparés sans doute, mais dont le passage était devenu impraticable, par l'encombrement et le désordre qui y régnait.

L'épouvante était dans tous les esprits ; on se pressait, on se heurtait de toutes parts, on se jetait les uns sur les autres ; le plus fort abattait le plus faible, qui était foulé aux pieds de la multitude ; les voitures, les chariots d'artillerie, ceux des équipages, étaient renversés et brisés ; les chevaux et les conducteurs écrasés sous les débris de ces chariots ; enfin on n'entendait de tous côtés que des cris lamentables.

Pour le comble de malheur, les ponts mal assurés se rompirent pour la deuxième fois.

Dès ce moment, toute espérance de salut paraît détruite ; le plus grand nombre ne prend plus conseil que de son désespoir ; on s'élance sur un banc de glace, imaginant pouvoir passer la rivière à la faveur des glaçons qui semblent la couvrir, mais on est arrêté près de l'autre rive, où ce banc était interrompu par la force même du courant.

Quelques-uns parviennent à franchir cet espace à la nage ; d'autres ont le malheur de se noyer, ou de se trouver embarrassés au milieu des glaçons ; ils y périssent d'autant plus vite qu'ils sont déjà engourdis par le froid et exténués par les privations.....À peine ces malheureux étaient-ils entrés dans le fleuve, que leurs membres étaient frappés de roideur, et ils étaient morts sans doute avant d'être noyés.....Les plus courageux et les plus sages reviennent sur leurs pas pour se jeter dans les mains des Russes, et se soustraire aux horreurs du spectacle qu'ils avaient sous les yeux.

Le passage de la Bérézina coûta la vie à un grand nombre d'individus de toutes les classes : on a vu des mères suivre volontairement le sort de leurs enfants tombés dans la rivière, ou se noyer avec eux, les tenant étroitement embrassés.

Plusieurs actions aussi touchantes ont été observées dans cette catastrophe. Malgré des difficultés presque insurmontables, j'avais repassé l'un des ponts quelques heures avant sa rupture, dans l'intention de faire transporter sur la rive droite plusieurs caisses d'instruments de chirurgie dont j'avais le plus grand besoin pour le soin des blessés ; ce court voyage faillit me coûter la vie. J'étais près de périr dans la foule à mon tour, lorsqu'heureusement je fus reconnu. Aussitôt chacun s'empresse de favoriser mes efforts ; transporté par les soldats de l'un à l'autre, je me trouvai, à ma grande surprise, en peu de moments sur le pont. Ce témoignage, qu'ils me donnèrent de leur attachement dans cette circonstance, me fit bientôt oublier et les dangers que j'avais courus et la perte que je venais de faire de mes équipages. »

Les soldats s'appelaient d'un bout à l'autre de la passerelle : « place à Monsieur Larrey ! » Le docteur était alors, avec le général Eblé, « les deux seuls hommes que toute l'armée continuait à respecter et à écouter ».

50.000 hommes ont pu passer. Les autres sont morts ou ont été faits prisonniers. Les derniers ne rentreront en France qu'en 1852 !

Les soins des blessés devenaient de plus en plus difficiles. L'envoi dans une ambulance ou un hôpital improvisé dans une ville était synonyme de mort.

Le docteur Larrey raconte encore.

« On m'amena un canonnier qui avait eu le bras mutilé d'un éclat d'obus. Je lui fis l'amputation du membre. Aussitôt son pansement terminé, ce soldat se releva et refusa de se rendre à l'ambulance. Il s'orienta et reprit sa route en disant : Je n'ai pas de temps à perdre, il me reste encore du chemin à faire d'ici à Carcassonne ! »

Il y est arrivé !

Wilna

L'arrivée dans Wilna (Wilnius) aurait pu être un moment de repos.

Pour tenter une bonne distribution de vivres, les soldats de la Garde ont tenté de protéger les magasins. Ils les défendaient avec sabres et baïonnettes. Un officier a assommé un soldat avec un jambon.

Hélas, nous avons été débordés. Les soldats se sont précipités sur tout ce qui pouvait être mangé et bu. Beaucoup moururent de ces excès. On défonçait les tonneaux et plus tard on trouvait autour 50 cadavres.

50.000 blessés ne pouvant pas continuer la retraite ont été laissés chez les habitants qui les ont soignés. Ils sont morts de faim et de froid. Les habitants étant menacés par les Russes d'être déportés en Sibérie s'ils donnaient asile aux Français, tous ceux qui avaient reçu l'hospitalité dans des maisons particulières furent expulsés dans la rue, parfois jetés par les fenêtres. Ils ont été égorgés par les Cosaques.

 « Wilna où nous sommes entrés le 8 décembre nous fut presque aussi funeste que la Bérézina. »

Pourtant les fourgons du trésor de l'armée suivaient encore. Les soldats de la Garde avaient ouvert les coffres et emporté tout ce qu'ils pouvaient emporter....Ils ont restitué entièrement aux services de l'intendance l'or qu'ils ont ainsi sauvé !

Le passage du Niémen le 13 décembre a été la dernière épreuve. Comme le fleuve était gelé sur une grande profondeur, on a pu passer facilement. Mais aussi les Cosaques qui nous poursuivaient.

L'arrière-garde, constituée par le maréchal Ney, avec six soldats, le fusil à la main, continuait à faire feu.

Les Russes aussi épuisés que nous ont renoncé alors à la poursuite.

Le 19 décembre 1812, sur 600 officiers et 12.281 soldats, la Garde avait perdu 207 officiers et 3.174 soldats. Les survivants possédaient encore leurs armes.

La Grande Armée avait perdu 380.000 hommes tués ou blessés. 180.000 ont été fait prisonniers. Le désastre était accompli.

Le Maréchal Berthier a écrit à l'Empereur,

« *Sire, l'armée n'existe plus.* »

J'ai été épargné.

Défaites et victoires - La campagne de Saxe

1813

Après cette effroyable retraite, l'Empereur ne pouvait plus espérer rester le maître de l'Europe. Il n'était plus en force suffisante pour imposer ses conditions de paix. Les alliés soutenus par l'Angleterre, voulaient la fin de l'Empire.

Il a fait plusieurs tentatives de réunions pour la paix, qui ont toutes été écartées. Nos alliés, sachant qu'il n'y avait plus rien à recevoir d'une alliance avec la France, étaient repartis chez eux ou bien s'étaient retournés contre nous.

Quant à nous, les combattants, nous savions qu'à partir de maintenant notre rôle ne serait plus de conquérir l'Europe, mais de sauver la France.

Nous comptions sur le génie de Napoléon pour obtenir avec les avantages des victoires, une paix honorable. Mais lui aussi était devenu aveugle et nos ennemis étaient bien décidés à continuer le combat jusqu'à sa chute définitive et son départ.

Nous étions regroupés à Mayence, attendant des renforts. Ce repos a duré 9 mois, en fait bien occupés par la réorganisation de l'armée avec l'arrivée des nouvelles recrues qu'il a fallu entraîner.

C'est à ce moment que j'ai été promu brigadier le 27 février 1813.

L'empereur nous a rejoints à Erfurt le 16 avril de la même année.

Il nous a redonné du courage, car les maréchaux qui conservaient le commandement, ou bien étaient désespérés et ne savaient pas comment reprendre le dessus, ou bien s'enfuyaient les uns après les autres. Seul Ney est resté fidèle jusqu'au bout.

200.000 jeunes recrues étaient arrivées. C'était la classe 1814. Ils n'avaient pas 20 ans ! Ils nous ont dit que, dans nos campagnes, beaucoup s'étaient enfuis dans les bois, refusant de se faire incorporer. Ils étaient à peine instruits pour le combat. Pourtant ils se sont battus avec héroïsme.

Sous le commandement de notre empereur, nous avons vaincu à Weissenfels le 27 avril, puis à Lützen le 2 mai, et entrions à Dresde le 8.

Le 20, 21 et 22 mai, c'était la bataille de Bautzen, victoire bien chèrement payée.

Dès la pointe du jour, toute la cavalerie légère de la Garde, commandée par les généraux Lefebvre-Desnouettes et Colbert, a chargé sans relâche l'armée ennemie et nous l'avons poursuivie jusqu'à Reichenbach. Le champ de bataille était horrible à voir, il était couvert d'un nombre considérable de morts et de blessés.

Le docteur Larrey parcourait ce champ de carnage, pansant les blessés sans aucune distinction, ni de rang ni de nation. 300 d'entre nous sur 4.000 avaient été tués ou blessés.

Le 4 juin, une suspension d'armes était pour nous un nouvel espoir. Allions-nous retourner chez nous ?

Cet armistice n'a duré que jusqu'au 14 août.

Le 26 août nous reprenions Dresde au prix de combats féroces.

Leipzig

Le sort de la grande armée et ainsi celui de l'Empire ont été scellés à la bataille de Leipzig.

Cette bataille a duré trois jours, du 16 au 19 octobre 1813.

La Grande Armée était jusqu'alors composée de Français mais aussi de troupes d'autres nations alliées de la France.

Certains de nos alliés étaient déjà passés dans l'autre camp. D'autres nous ont trahis pendant ces trois journées : Bernadotte à la tête de l'armée du Nord avec 60.000 hommes ; le roi de Bavière avec 30.000 hommes ; les Saxons, qui combattirent aussitôt contre nous.

À la fin du premier jour, nous n'étions plus que 150.000 hommes. Les alliés étaient 210.000.

À la fin du deuxième jour, les alliés comptaient 310.000 hommes.

Le troisième jour, il y avait 500.000 combattants, 10 peuples, 4 souverains, qui s'opposaient sur un espace de moins de 100 km dans des actions d'un courage inouï.

On a appelé cette bataille « Le combat des Nations. »

L'état des forces était inégal. Nous avons perdu devant la masse. Nous avons dû reculer et abandonner nos positions.

Au cours du passage de l'Elster, le prince Poniatowski a été blessé puis s'est noyé.

Les Alliés ont eu 70.000 tués ou blessés, les Français 60.000 tués, blessés ou prisonniers.

Le 19 octobre, l'armée n'avait plus que des Français. Nous restions 70.000 hommes.

Les coalisés étaient pratiquement certains de leur succès qui ne demanda que du temps et encore beaucoup de morts.

Nous avons fait retraite vers Erfurt, puis en direction du Rhin, vers la France.

Hanau

Le harcèlement était constant, mais restait supportable. Il n'y a pas eu de grand incident pendant 340 km jusqu'à Hanau.

C'est alors qu'à cet endroit, le général De Wrede, Austro-Hongrois, voulut nous barrer la route de Mayence au niveau de l'Inn à Hanau et nous forcer ainsi à capituler.

Il avait trahi, « Sentant le sang allemand crier en lui », et était passé à l'ennemi avec 52.000 hommes et 60 canons.

Pensant qu'il avait affaire à une armée peu nombreuse et épuisée, ce général déploya 43.000 hommes sur des positions établies à la hâte. Il voulait nous empêcher de traverser l'Inn. Il n'y avait qu'un seul pont.

Mais en face, il y avait la Garde et ce qui restait de l'élite de l'armée française. Nous avons sabré avec l'énergie du désespoir, car nous savions qu'un échec nous interdirait définitivement la retraite. Nous étions 15.000 hommes, fantassins et cavaliers de la Garde, avec l'Empereur en personne, bien résolus à leur passer sur le ventre. Mac Donald et Sébastiani ont attaqué l'aile gauche à travers la forêt de Lamboy dont les bois épais nous ont dissimulés jusqu'au dernier moment. Le maréchal Victor nous a rejoints.

Le fils du maréchal Oudinot commandait notre escadron. Il avait alors vingt ans. J'ai vu l'Empereur détacher la croix d'officier de la Légion d'Honneur qu'il portait et le décorer sur le champ de bataille.

Nous avons repris six canons que les Autrichiens venaient d'enlever, et fait prisonnier le bataillon qui les emmenait.

A midi, Drouot a réussi à faire passer la rivière par l'artillerie. Nos 50 canons ont réduit les 28 canons bavarois.

De Wrede s'est replié dans la ville de Hanau que nous avons prise le lendemain.

Nous avons perdu 6.000 hommes et laissé 10.000 retardataires. Mais la route de Francfort était ouverte.

C'est au cours d'une de ces charges que j'ai reçu la blessure d'un biscaïen, celui qui est placé dans l'encadré de mes états de service.

Le biscayen était une boule de fonte de 2,5 cm de diamètre. Il était contenu dans une sorte de boite remplie de 42 balles semblables, la boîte à mitraille.

Les projectiles qu'elle contenait étaient dispersés en tous sens à courte distance. 600 mètres étaient pour les boulets la distance de tir optimale. Pour la mitraille la distance était plus courte.

Pendant le combat nous ne sentions pas les blessures, et ce n'est qu'à un moment que j'ai ressenti un choc au niveau de la cuisse. Je continuais à combattre.

Nous nous sommes regroupés et c'est alors que la blessure que j'avais reçue m'apparut dans toute sa gravité. Le biscaïen était entré sur le dedans de ma cuisse gauche et je ressentais une brûlure intense et une lourdeur dans le membre, jusque dans l'aine.

J'ai pu descendre de cheval et alors je ne pouvais plus bouger.

Heureusement pour moi, comme je l'ai déjà dit, le docteur Dominique Larrey était pésent. Mes camarades m'ont porté à lui. Il n'y avait aucune blessure d'un vaisseau ou d'un nerf du membre dont l'os était intact. Ainsi j'ai pu échapper à l'amputation, qui sinon aurait été immédiate.

Trouvant que ma jambe avait au niveau de l'aine un gonflement anormal, il pensa que le biscaïen qui m'avait atteint s'était glissé à travers les tissus jusqu'en haut de ce membre et était caché là. Il fallait l'en extirper pour éviter une infection. Il n'y avait qu'un trou de quelques centimètres, au milieu de la cuisse.

Il saisit son bistouri, me recommanda de serrer les dents et incisa jusqu'à l'aine. Blessé depuis peu, les chairs étaient encore sous le choc et je ne sentis presque rien. Après avoir fouillé quelques instants, il sortit triomphalement le biscaïen.

> « Vois, Nicolas, je t'ai retiré ce boulet. Heureusement pour toi, il a été tiré à une assez grande distance et ainsi ta blessure n'a pas été trop grave. Tu ne crains maintenant plus rien. »

J'avais reçu avant l'opération une bonne dose d'eau de vie dont les effets se faisaient maintenant sentir. J'eus cependant le temps d'entendre ce chirurgien dire à ses assistants :

> « Donnez-lui du bouillon et transportez-le avec les autres blessés dans la ville de Hanau quand nous l'aurons prise. Il pourra alors attendre dans l'hôpital une guérison qui sera rapide. »

Mais je savais ce que cela voulait dire. L'armée continuant à faire retraite, je serais abandonné avec les autres blessés, je serais fait prisonnier et selon toute vraisemblance massacré dès que les troupes ennemies dans lesquelles il y avait de nombreux Cosaques dont nous connaissions la cruauté, entreraient dans la ville.

Avant de perdre connaissance, je suppliai mes camarades de m'emmener avec eux afin de m'éviter ce sort cruel.

Quand je me suis réveillé, j'étais étendu sous un arbre, le ciel brillait au dessus de moi. Des voix familières plaisantaient autour de moi. Je savais que j'étais sauvé.

J'ai voyagé pendant quelques jours sur le plancher d'une des charrettes des vivandières qui nous accompagnaient.

La femme qui la conduisait prenait soin de moi. Elle changeait mes pansements, nettoyait la plaie avec de l'alcool, me donnait une nourriture riche, comme je n'en avais pas mangé depuis bien longtemps. Ainsi grâce à elle, j'ai pu reprendre rapidement des forces.

Une semaine plus tard, je pouvais à nouveau monter à cheval. Ma cuisse était encore douloureuse, mais cette douleur m'était supportable.

Surtout, je me savais sauvé des exactions de l'ennemi.

Je n'ai plus revu cette vivandière si attentive.

Le 2 novembre, nous sommes arrivés épuisés à Mayence pour y trouver un adversaire encore plus redoutable que tous ceux qui nous envoyaient des boulets : le typhus, qui a tué plus de 1.100 hommes.

Napoléon est rentré en France et a encore une fois proposé aux alliés une réunion pour décider de la paix. Mais le 4 décembre, ils déclarèrent que, n'ayant pas répondu aux offres de paix qui lui avaient été faites, il porterait toute la responsabilité de la guerre qu'ils allaient entreprendre contre sa personne et non pas contre la France, à laquelle ils garantissaient « une étendue de territoire qu'elle n'avait jamais connue sous ses rois ».

La suite vous montrera combien ces promesses étaient fallacieuses. La guerre n'était pas finie. Les souffrances du peuple français sur le territoire de notre pays ne faisaient que commencer.

Hussard de l'Empereur

Mayence

Novembre 1813

À Marie Françoise Lebrun

Ma bien aimée,

Quel n'est pas mon bonheur de pouvoir vous écrire. Je ne pensais pas rentrer vivant de cette horrible expédition.

Pendant ce grand silence, chère Marie Françoise, mon esprit et mon cœur étaient sans cesse auprès de vous. C'est mon amour pour vous qui m'a permis de survivre. Survivre est le mot, pour vous revoir.

Nous n'avons rien compris à cette campagne désastreuse.

Nos seules rencontres étaient des malheureux paysans ou habitants de petites villes, déjà dépouillés de tout, maisons et récoltes brûlées par l'armée russe, qui venaient à nous plutôt comme des mendiants. N'ayant pas grand-chose à manger nous-mêmes, nous ne pouvions rien pour eux. Nous en avons trouvé des milliers morts de faim.

Le début du séjour à Moscou a permis de nous reposer. Puis est venue la retraite. Je ne veux pas que vous gardiez de moi l'image d'un vagabond en haillons, sans cheval, avec pour seule arme son sabre.

Le maréchal Ney, avec son grand courage, nous a menés plusieurs fois à des combats de retardement où nous avons pris notre gloire et sauvé l'armée. Mais, jour après jour, cherchant notre survie, nous avons fait une retraite sans gloire.

Je suis maintenant au cantonnement, pansé, nourri, vêtu, chauffé.

L'amputation des orteils a été un soulagement, mais mes deux pieds me font encore souffrir.

Nicolas Auguste EMERY

Je garde le biscaïen qui m'a blessé et que le docteur Larrey m'a extrait. Des autres blessures plus mineures, je ne vous parle pas. Mon corps en est recouvert.

J'ai trouvé un groupe de soldats de toutes armes, blessés, comme moi, qui ont reçu la permission de s'acheminer par leurs propres moyens vers l'arrière.

J'attends de vous serrer dans mes bras. Je vous envoie mon amour fidèle.

Nicolas Auguste

La Campagne de France

En Novembre 1813, notre retraite s'est poursuivie jusqu'aux rives du Rhin.

Pour la première fois depuis douze ans nous nous sommes battus sur le sol français, pour le défendre.

L'avantage du nombre augmentait chaque jour en faveur de nos ennemis. L'armée n'avait plus sur place que 50.000 hommes, tous Français depuis que nous avions été abandonnés par les autres européens. De l'autre côté 250.000, puis bientôt 460.000 ennemis s'étaient alliés contre nous sur la rive droite du Rhin.

Napoléon refusa les offres de paix des alliés.

Le 1 Janvier 1814, le maréchal Blücher franchit le Rhin.

La campagne de France fut le dernier sursaut des géniales stratégies de l'Empereur qui s'appuyait sur notre ténacité et le courage des nouveaux soldats dont certais avaient à peine 14 ans, c'est pourquoi on les a appelés, les « Marie Louise. »

Les noms des batailles étaient maintenant bien Français : Brienne, La Rothière, Champaubert, Montmirail, Chateau-Thierry, Guignes, Montereau, Soisson, Craonne, Laon, Berry-au-Bac, Arcy-sur Aube, Reims, La Fère Champenoise, Claye Soully, Montmartre.

J'ai été de toutes.

L'Empereur était alors en permanence avec les troupes de la Garde, bivouaquant parmi nous, pointant parfois lui-même les canons, au mépris du danger.

Malgré nos efforts inouïs, les victoires n'ont été que partielles, comme des escarmouches dont le résultat n'a pas permis de changer le cours de l'histoire.

Les alliés étaient trop nombreux, et les défaites ont suivi, jusqu'à Paris.

Ce fut une guerre de défense atroce. Moi qui avais fait l'Espagne, je retrouvais les actions des partisans, francs tireurs français, qui utilisaient les armes abandonnées sur les champs de bataille, celles qu'ils prenaient à l'ennemi, voire même leurs outils agricoles, si redoutables, car maniés par des hommes qui savaient s'en servir et qui les utilisaient avec désespoir.

Ils défendaient leurs villages, leurs fermes, leurs familles.

Comme les Espagnols pendant la guerre d'Espagne, nos paysans ont aveuglé et crucifié des soldats ennemis. En représailles de ces atrocités les cavaliers allemands les pourchassaient et brûlaient leurs villages. Ils ne se sont pas gênés pour nous rendre les pillages, les viols, les incendies, qu'ils avaient subis chez eux pendant tant d'années !

La sauvagerie des combats

Mais c'était fini. L'armistice a été signé à la rotonde de la Villette le 31 mars 1814.

Le départ de l'Empereur

Le 4 avril, l'Empereur a abdiqué. Les Anglais l'ont embarqué pour l'île d'Elbe le 28 avril. Le 12 mai, nous avons été « mis en congé illimité. »

Je n'ai pas fait partie de la délégation de soldats aux adieux de Fontainebleau.

Du discours qu'il a tenu et que l'on m'a rapporté, une seule partie a retenu mon attention

« ….Officiers, soldats, qui m'êtes restés fidèles jusqu'au dernier moment, recevez mes remerciements ; je suis content de vous. Adieu mes enfants ; adieu mes amis ; conservez-moi votre souvenir ! Je serai heureux, lorsque je saurai que vous l'êtes vous-mêmes »

Pour le reste, certes nous avions été de glorieux soldats, mais l'unique satisfaction pour moi était d'être resté vivant malgré toutes les épreuves endurées.

Nicolas Auguste EMERY

L'adieu aux lanciers Polonais

Les cavaliers sont une arme d'honneur, quelle que soit la nationalité, quel que soit le camp. C'est pourquoi, quand les hussards de la Garde ont appris que les Lanciers Polonais, les seuls restés fidèles jusqu'à Paris, allaient nous quitter, ils leur ont offert une fête d'adieux. Les rois et les princes font une politique qui nous est étrangère, pour ne pas dire étrange. Mais les hommes savent fraterniser.

Oui, pendant ces jours dramatiques, notre amitié de corps d'armes était encore vivace pour ceux qui nous quittaient pour toujours.

Nous leur avons chanté une chanson que nous avions composée en leur honneur[15] :

Aux braves Lanciers Polonais

Dans la froide Scandinavie
Des héros retentit le nom.
Soudain la Pologne asservie
Se lève pour Napoléon.
Il avait levé les entraves
De ce peuple ami des Français
Et la France au rang de ses braves
Comptait les Lanciers Polonais

Sans regrets quittant leur patrie
Pour Napoléon ces guerriers

---

[15] Vous en trouverez le texte et la musique sur internet

Hussard de l'Empereur

Vont aller aux champs d'Ibérie
Cueillir des moissons de lauriers.
Partout où un chasseur les appelle
Ils volent tenter des haut faits
Et partout la gloire est fidèle
Aux braves Lanciers Polonais.

Quand la Fortune trop volage
Quand les plus noires trahisons
Ensemble ont trompé le camp
De notre grand Napoléon
Il fit en déposant les armes
De touchants adieux aux Français
Et l'on vit répandre des larmes
Aux braves Lanciers Polonais.

Napoléon l'âme attendrie
Leur dit dans ce cruel moment
Retournez dans votre patrie
Allez ! Je vous rends vos serments
Il croyait dans son triste asile
N'être suivi que de Français
Mais il retrouve dans son île
Encore des Lanciers Polonais

Ô vous qu'à de nobles journées
La gloire a fait participer
Polonais de vos destinées
Le Ciel doit enfin s'occuper.
Mais fussiez-vous dans les alarmes
Amis nous n'oublierons jamais
Que nous avions pour frères d'armes
Les braves Lanciers Polonais

Nicolas Auguste EMERY

J'ai bénéficié de presque un an de repos

J'ai passé cette année dans ma famille, à Paris et à Ozouer le Voulgis, tentant de me retrouver dans une vie familiale faite de travail aux « Bains Turcs », et de travaux agricoles à Ozouer.

Mon grand bonheur a été que Marie Françoise m'ait attendue. Je l'avais quittée il y avait quatorze ans, comme une jeune fille. Je retrouvais une femme belle, énergique, et aimante.

Nous avons repris nos projets de mariage.

Nicolas Auguste EMERY

Les cent jours

Las…Napoléon est revenu !

À son retour de l'Ile d'Elbe, le 1° mars 1815, l'Empereur reprit la direction du pays.

Le 22 avril, il a promulgué « l'acte additionnel aux institutions de l'Empire ». Cet acte donnait de nouvelles libertés comme celle de la presse, des garanties individuelles, le renouvellement total tous les 5 ans de la chambre des représentants.

Un plébiscite, le premier de notre histoire, appel direct aux électeurs sans prendre l'avis des élus, l'a approuvé par 1.500.000 oui, contre 4.800 non.

Ce n'était pas encore le peuple qui votait, mais seulement ceux qui payaient l'impôt, cependant cela a été considéré comme un grand progrès.

Mais les problèmes européens n'avaient pas changé.

Après le départ de l'Empereur pour l'île d'Elbe, un grand congrès s'était réuni à Vienne le 1° novembre 1814. La France y participait. L'accord signé reconstruisait l'Europe sur des bases assez saines. Mais dès l'arrivée de l'Empereur sur le sol de France, le roi de Prusse, les empereurs d'Autriche et de Russie ont bien compris que son retour allait tôt ou tard entraîner la chute de leurs régimes politiques.

L'Angleterre était lancée dans la guerre économique où elle entendait tenir et conserver la primauté qui lui donnerait la prééminence sur les autres nations européennes.

Les armées des alliés se sont regroupées sur la rive droite du Rhin.

Nous avons retrouvé la guerre à peine un an après la fin de la campagne de France.

J'aurais pu rester, prétexter mes pieds en partie amputés, les fatigues des nombreuses campagnes.

Mais je n'étais pas seul. De nombreux amis ont rejoint volontairement à l'appel de l'Empereur. Je ne pouvais pas les abandonner, les laisser affronter de nouveaux dangers. Je faisais partie de la Garde.

Marie Françoise et moi en avons longuement parlé. Elle approuvait mon choix.

Je suis reparti.

Nous nous sommes encore dépensés sans compter, pensant que ces combats apporteraient la paix, mais une fois de plus nous nous sommes trompés. Des milliers d'entre nous sont morts sans voir cette heureuse issue.

Ce fut une épopée héroïque, mais une guerre perdue d'avance. Les Alliés rassemblaient 785.000 hommes dont 220.000 en Belgique. Nous n'étions que 120.000 soldats. Une partie était engagée en Vendée face à un nouveau soulèvement.

Attaques et manoeuvres audacieuses ont entraîné un épuisement de plus en plus grand, tandis que Napoléon lui-même, usé par tant d'années de guerre, ne possédait plus le génie des batailles qu'il détenait jusqu'alors.

Des déserteurs donnaient des informations aux ennemis. Ces informations ont effacé l'effet de surprise de nos attaques. Il y a eu des trahisons de corps entiers. Des ordres mal reçus, obéis sans ardeur.

Waterloo

La dernière bataille s'est dérouée dans un espace situé entre Charleroi, Namur, Wavre et Waterloo, à 20 Km à peine de Bruxelles, après la forêt de Soignies.
Elle a duré 4 jours, du 14 au 18 Juin 1815.
67.000 soldats de Wellington avec 156 canons, auxquels se joindront opportunément les soldats de Bülow, contre 70.000 français avec 250 canons. Le général Grouchy, refusant de marcher au canon, a fait cruellement défaut. Le maréchal Ney n'est pas accouru au bruit du combat.
Nous avons chargé les Anglais sans pouvoir les entamer. L'Empereur s'est placé dans le dernier carré des grenadiers.
C'était maintenant définitivement fini, au prix de 40.000 morts des deux côtés !
Et moi, encore une fois, j'ai survécu.

C'était fini !

Nous nous sommes encore battus en retraite vers le Sud, autour de Paris, aux portes.
Le maréchal Blücher est entré dans la capitale qui a capitulé le 3 Juillet.

Le château de Vincennes n'est tombé que le 13 juillet. Il était commandé par le général Daumesnil qui avait eu une jambe amputée après la bataille de Wagram. Il répondit alors aux Autrichiens :

« Je vous rendrai Vincennes quand vous me rendrez ma jambe ».
Lyon a capitulé le 17 juillet. Metz le 25. Toulon le 31.
Longwy a cessé le combat le 16 Septembre, Sarrelouis le 30 et La Fère le 5 novembre.

Napoléon a été exilé dans l'île de Sainte Hélène. Il n'a pas accepté l'offre qui lui était faite de rejoindre les Etats Unis. Le port de Rochefort était bloqué par les vaisseaux anglais.

Le 3° régiment de hussards dans lequel j'avais commencé la guerre a été licencié à Belfort le 26 novembre 1815.

Alors, 1.200.000 soldats alliés occupaient 61 départements de notre pays.
Les Prussiens furent les pires. Ils réquisitionnaient, rançonnaient, pillaient. Les préfets qui ont tenté de s'opposer à ces actes ont été arrêtés, emprisonnés et internés en Allemagne.

Nous devions nous retirer au sud de la Loire. Nous ne savions pas que c'était pour nous éloigner et dissoudre nos régiments.

« L'ex-garde impériale se mettra immédiatement en marche pour se retirer derrière la Loire où elle sera licenciée. Elle emportera avec elle armes et bagages, emmènera tout son matériel de campagne. Les blessés pourront rester à Paris jusqu'à nouvel ordre (....) Aucun des chefs de corps, généraux, officiers supérieurs, officiers et sous officiers de l'ex-garde qui ont combattu contre les puissances alliées les 16, 17 et 18 juin dernier ne pourra à l'avenir et à aucun titre, faire partie de la nouvelle armée qui va être organisée. »

L'armée comprenait encore 100.000 hommes et 500 canons. Nous avons été parqués par groupes de 500 environ afin d'éviter des regroupements. On nous appelait « les brigands de la Loire ».

Notre solde n'arrivant pas, nous avons dû nous insurger et aller la prendre de force.

Nous avons été obligés de porter la cocarde blanche et le drapeau blanc. Nos glorieux drapeaux ont été pour la plupart brûlés à Bourges.

Les soldats se sont dispersés, chacun tentant de rentrer dans sa famille, soit à pied car les chevaux des soldats et des sous-officiers ne leur appartenaient pas, soit à cheval pour les officiers et les officiers supérieurs qui étaient propriétaires de leur monture.

La tombe du cheval

Voici l'histoire touchante d'un cheval et d'un officier rescapés de toutes ces campagnes.

Après la défaite de Waterloo, le chevalier de Verdilhac, chef d'escadron d'Etat Major, est revenu chez lui en Limousin, monté sur son cheval. Il possédait là-bas un logis ancien et noble : « Le Loubier. » Rendu à la vie civile comme nous tous, il a entretenu soigneusement cet animal qui lui appartenait, qu'il aimait et qui lui rendait bien son affection. Il lui devait la vie.

Le cheval est mort.

Il l'a fait enterrer !

Dans le jardin de cette maison ancienne entretenue avec amour par ses propriétaires actuels, il y a une tombe bien étrange :

Nicolas Auguste EMERY

La tombe du cheval !

Sur la pierre, le chevalier a fait graver :

« Pour le pie cheval sauvage de la Russie, mort au Loubier le 23 mars 1826, qui a fait toutes les campagnes depuis 1808 toujours sous le chevalier de Verdilhac, Chef d'Escadron d'Etat Major.

>Ci-gît des coursiers le modèle
>Qui de Mars bravant la fureur
>Par son courage et par son zèle
>Fit de son maître le bonheur
>Au champ d'honneur, dans la bataille
>Portant son maître valeureux
>On le vit, bravant la mitraille
>Revenir sanglant et poudreux.
>De cette pie[16] que vante tant l'histoire
>Issu sans doute il eut toutes les qualités
>Plus heureux qu'elle au sein de la victoire
>Il vit toujours ses efforts couronnés
>Il prit naissance au pays des Basquirs
>Pendant vingt ans il parcourut le monde
>En Limousin hélas vint mourir
>Et ce laurier indique ici sa tombe. »

En l'an 2000, ce cheval a encore remporté une victoire : une autoroute à quatre voies devait passer par là, dévastant la propriété et détruisant le tombeau du cheval.
Ardemment défendu par les propriétaires actuels, par ce témoignage émouvant de l'amour d'un maître, et par sa célébrité car le tombeau est un monument connu, ainsi que par la plaidoirie de maître Charles de Chaisemartin oncle de Jean Bernard, le cheval a une dernière fois écarté le dernier ennemi qui menaçait son repos : l'automobile !

---

[16] Le Chevalier de Verdillac avait donné à son cheval le nom de celui qui portait le Grand Turenne.

Nicolas Auguste EMERY

À Paris en 1815

La période héroïque de l'Empire était terminée. Napoléon était parti à Sainte Hélène. Il était certain que cette fois-ci il ne reviendrait pas. Il était d'ailleurs très fatigué et commençait cette maladie qui allait dans quelques années l'emporter.

La royauté apportait la paix avec les pays voisins.

Je suis rentré à Paris et suis retourné à la vie civile.

Je n'avais jamais été en permission dans ma famille. Mes séjours parisiens quand j'étais dans la Garde de l'Empereur étaient des séjours de garnison.

À mon retour, j'ai trouvé beaucoup de changements. La royauté avait été rétablie. Mais le roi Louis XVIII, mis sur le trône dans les fourgons de nos ennemis, n'avait ni l'énergie ni la puissance créatrice, ni le courage de l'Empereur.

Les Parisiens, comme le reste des Français, avaient beaucoup souffert des guerres de l'Empire. Pour eux, peu importait la nature de la direction de l'Etat, ils ne souhaitaient qu'un chose : vivre en paix, s'enrichir, assurer l'avenir de leurs enfants.

Maintenant la France était ruinée, saignée, saccagée, sans chef aussi digne de ce nom que notre Empereur.

La perte de tellement d'hommes jeunes et capables a ralenti l'effort de modernisation et l'Angleterre, qui n'avait perdu que peu de monde, a pris une avance considérable.

Nous, les anciens combattants, n'étions pas bien considérés. Je ne me sentais pas à l'aise, ayant trop l'impression d'être un gêneur qui n'aurait pas dû revenir et dont les histoires n'intéressaient ni ma famille ni mes amis qui avaient échappé à la conscription, ni les gens, bourgeois nobles ou ouvriers, dont le seul intérêt pendant tout ce temps avait résidé dans le quotidien.

La plupart des familles bourgeoises s'étaient même enrichies, pour certaines de façon considérable, en achetant, vendant ou fabriquant pour l'armée des objets, des armes. Nous qui les avions utilisées, connaissions leur médiocre qualité.

Nous les regardions comme des profiteurs.

Eux auraient préféré ne pas nous revoir vivants car nous étions les témoins des vilenies qu'ils nous avaient fait supporter.

Lecteurs de la presse d'opposition à l'Empereur, ils ne considéraient les anciens combattants que nous étions, et qui au fond n'avaient fait que leur devoir, que comme des assassins, des pillards ou bien seulement comme des rescapés excentriques. Et excentriques, nous l'étions. Notre métier de soldat avait déformé notre corps, modifié notre allure, qui pour certains d'entre nous était devenue grotesque, au point de la description qu'en voici, tirée d'un des journaux de l'époque :

« Loin des Tuileries, sur le boulevard extérieur, voici venir un homme de petite taille et un peu trapu. Son col très court se perd presque dans ses épaules. Ses jambes sont singulièrement arquées, sa tête est grosse, son teint est cuivré ; d'énormes moustaches garnissent sa lèvre supérieure ; à ses oreilles balancent de larges anneaux d'argent ; son nez est presque écrasé quoique les narines soient ouvertes comme celles d'un cheval qui hennit.

C'est que ce soldat est l'un des mille cavaliers de la Garde. C'est « l'homme-cheval ». C'est un de ces guides d'Italie et d'Egypte, un de ces intrépides ou plutôt par nos soucis de l'expression vulgairement consacrée, un de ces durs à cuire qui ont formé le noyau des régiments de chasseurs à cheval de la vieille Garde. »

La dispersion des troupes fidèles à l'Empereur a été suivie de violences inouïes. Les Français tenant des valeurs républicaines, bien que déformées par l'Empire, voyaient disparaître leurs espoirs de justice et de liberté. Les royalistes, humiliés par l'épisode des Cent Jours, et revenus dans les bagages des armées ennemies étaient assoiffés de vengeance.

Ces vengeances du nouveau régime ont été terribles, surtout dans le midi de la France : Avignon, Nîmes, Marseille, avec viols, incendies, pillages. Il y a eu des dizaines de milliers de morts. À certains endroits, les massacreurs ont pris les Protestants et les juifs comme objet de leurs exactions.

Cette période a reçu le nom de « Terreur blanche ».

La Garde faisait encore peur !

Nos chefs ont été traduits devant des commissions militaires.

Le maréchal Brune a été assassiné à Lyon et son corps a été jeté dans le Rhône.

On a fusillé le Maréchel Ney !

Mais nous aussi, simples soldats et gradés, avons été chargés d'un opprobre que nous ne pensions pas avoir mérité.

Quiconque avait fait partie de la Garde fut frappé.

Les licenciés, appelés « brigades de la Loire », ne purent se montrer à Paris ni habiter dans les localités où ils avaient été assignés à résidence.

Dès que nous étions aperçus nous étions désignés comme des bêtes fauves.

Les paroles considérées comme une menace pour le roi étaient sévèrement condamnées. Nous ne pouvions rappeler seulement un souvenir de notre ancienne gloire sans risquer d'être traduits devant une cour prévôtale dont chaque département était pourvu, qui était présidée par un ancien émigré, et dont les décisions étaient exécutées dans les 24 heures, sans appel. La condamnation était la prison pour quatre ans, une amende de 20.000 francs ou la déportation.

En 18 mois, il y eut 5.000 condamnations, 3.400 opposants internés, 50.000 fonctionnaires révoqués.
L'École Polytechnique dont les élèves avaient rallié l'Empereur pendant les Cent Jours a été dissoute.

En 1818, 200 d'entre nous sont partis aux Amériques avec le général Lallemand. Ils ont tenté de créer un « champ d'asile » au Mexique, puis au Texas. Mais ils n'étaient pas préparés à l'agriculture, ni aux difficultés du climat. Ce fut un échec. Certains y moururent. Les autres rentrèrent, encore une fois déçus.
Cette année-là je préparais mon mariage….J'ai refusé de partir.

Pendant ces 14 ans de campagne, je m'étais toujours senti seul, malgré l'entourage des autres cavaliers de mon régiment, malgré les combats communs, les bivouacs au cours desquels nous nous racontions nos histoires, nos rêves, nos amours, mais sans jamais partager complètement.
L'orgueil de l'arme n'existait plus. Il restait seulement à échanger les histoires des amis, des collègues, à évoquer les disparus.
Mais cela ne pouvait pas me suffire. J'en ressentais bien l'insuffisance. Je devais reprendre la vie, une vie que je n'avais pas connue, ou bien oubliée, une vie qui me permettrait de créer une famille, d'exercer un métier, au total de redevenir un homme ordinaire. Je ne devais pas continuer à errer dans les rues.
Je sentais que si cela continuait, je sombrerais dans quelque excès de boisson.
Maintenant je touchais une petite retraite de 274 Francs.
Pierre Edmé Emery, mon demi-frère, me proposa de passer une partie de mon temps aux « Bains Turcs » à servir les clients. Certains me retrouvaient avec une joie sincère. Je rencontrais parfois d'autres anciens combattants, cavaliers ou fantassins.

Marie Françoise Lebrun ne m'avait pas oublié.
Elle seule a eu la patience que donne l'amour, pour m'écouter, soit

la journée quand des souvenirs trop brûlants montaient jusque vers mes lèvres, soit dans mon sommeil, quand les cauchemars m'assaillaient.

Elle n'avait pas perdu les quelques lettres que je lui avais adressées. Ce sont elles qui m'ont permis de raconter mon histoire. Je crois que mes enfants les ont considérées comme choses de peu de valeur et les ont toutes détruites.

Nous nous sommes mariés le 8 septembre 1817. Mon père était mort. Ma mère qui habitait 61 rue Vieille du Temple m'a donné le bras.

L'amour et la paix me sont alors apparues comme choses possibles.

Alors seulement j'ai su que ma vie avait changé et que je pouvais maintenant l'envisager sans souci du lendemain, du froid, de la fatigue, de la faim, de l'inquiétude de l'accident, de la mort, de la capture, et surtout de la solitude.

Nous avons eu la joie d'avoir deux enfants : Nicolas Michel, né le 4 août 1818 chez mes beau-parents. Nicolas Charles, né le 20 janvier 1820.

38 ans de vie civile de 1814 à 1852

Dans la première partie de ce livre, j'ai souvent écrit comme si j'étais Nicolas Auguste. Je me suis permis cela, car cette période de sa vie faisait partie d'un événement historique considérable : l'épopée du Premier Empire. Il était assez facile de me mettre à la place de mon aïeul, les documents relatant la vie des soldats de l'Empire sont nombreux. Il était l'un d'eux. Les sentiments que je lui ai prêtés étaient certainement largement partagés par un grand nombre de combattants.

La deuxième partie de sa vie est différente. C'est celle d'un homme du peuple, dont l'originalité lui appartient, dont les sentiments ne nous ont pas été transmis. Il était un sous-officier qui bénéficiait d'une petite retraite et qui continuait sa vie. Je ne me suis pas cru autorisé à continuer la rédaction sur le même mode.

À son retour de l'Armée, et après son mariage, Nicolas Auguste Emery a été employé à l'établissement de bains des « Bains Turcs » comme baigneur tant que Pierre Edmé Emery l'exploitait. Il y était logé.

Il a habité ensuite 192 rue Saint Antoine, puis 142 de la même rue, et enfin 27 rue du Faubourg du Temple.

Il allait souvent à Choisy le Roi. Il y faisait des séjours assez prolongés, car il n'était pas présent lors du partage des biens de son demi-frère Pierre Edmé.

Il est mort le 26 Janvier 1852 à Choisy le Roi.

Nicolas Auguste EMERY

Il est enterré dans le caveau de la famille Emery, Batardy, Joly du cimetière du Père Lachaise à Paris.

Entre 1815 et 1852, date de sa mort, de nombreux évènements ont émaillé la vie de la France. Nicolas Auguste les a vécus, les a probablement commentés, y a peut-être participé. Mais je ne le sais pas.

Je peux imaginer qu'il n'était pas royaliste.

Je peux penser qu'après avoir tant souffert d'une autorité aussi prégnante que celle de l'Empereur et de ses généraux, ordonnant souvent d'aller sans discussion possible à la mort, il n'était pas militariste et qu'il n'a pas participé aux autres conflits qui ont émaillé cette période.

Cette partie du XIX° siècle a vu naître les idées socialistes. Il pouvait l'être, lui qui avait lutté contre les coalitions réunies par les nobles de l'Europe. J'imagine qu'étant du peuple, il a vibré avec les actions révolutionnaires. Je ne sais pas s'il a combattu sur les barricades de 1830 et de 1848.

Avait-il un sentiment religieux ? C'est certain. Ses enfants ont été baptisés, les mariages de la famille se sont déroulés à l'Eglise.

Au total, pendant 38 ans, car il est mort à 71 ans, très âgé pour l'époque, Nicolas Auguste a été l'un d'entre nous, ni plus, ni moins.

Il y a là une part de secret, que je ne saurais inventer, car je ne veux ni imaginer, ni violer sa vie privée. Je me contenterai donc de relater les évènements qui ont marqué la vie du pays pendant ce temps.

Ce qui est certain en revanche, c'est que la famille Emery vivait dans l'aisance. Dans les divers actes de successions et de partages qui nous sont parvenus, Pierre Edmé Emery et Nicolas Auguste Emery, ainsi que d'autres membres de la famille sont appelés rentiers.

Nicolas Auguste a assisté à une période intense de l'histoire de France

L'événement le plus important parce qu'il a perduré jusqu'à nos jours a été la conquête de l'Algérie.

L'Algérie était soumise au Sultan de Constantinople.

La piraterie de la flotte du Dey d'Alger était devenue insupportable.

Le 30 avril 1827, le Consul de France Delval était frappé en public d'un coup de chasse mouches par le Dey d'Alger.

Le 3 août 1829, le vaisseau « La Provence » venu à Alger pour chercher un compromis a reçu 80 coups de canon.

L'armée française a débarqué à Sidi Ferruch le 14 Juin 1829 avec 103 bâtiments de guerre, 350 transports de troupes et 40.000 soldats.

La ville d'Alger a été prise le 5 Juillet.

C'était le début d'une guerre longue, cruelle, destructrice, tirant sa raison de la réponse à l'outrage d'un souverain envers un représentant de la France, qui s'est muée progressivement en une guerre de conquête colonisatrice, puis en une colonisation véritable renforcée par l'émigration volontaire et l'envoi forcé de condamnés, la conquête et la mise en valeur d'immenses terrains fertiles achetés à bas prix ou spoliés. Cette guerre n'a jamais vraiment cessé jusqu'aux combats commencés en 1954 qui ont abouti à l'indépendance en 1962.

En septembre 1845, le 8° régiment de chasseurs à pied a combattu héroïquement les troupes d'Abd el Kader au marabout de Sidi Brahim.

Le marabout de Sidi Brahim en 1960

J'en parle, car j'ai vu ce tout petit marabout, situé près de mon poste militaire de Tient. J'allais souvent dans le très joli village de Sidi Brahim pour donner des soins aux habitants.

Pendant la conquête, les peintres, véritables reporters de l'époque, peignaient sur commande les situations auxquelles ils assistaient[17]. Ils ont représenté les combats, les victoires, mais aussi, les villes, les bâtiments, les personnages. Toutes ces images donnent une idée du faste des puissants de ce pays, de la richesse des costumes, de la pauvreté des paysans bien sûr. Mais aussi ils mettent en évidence la destruction par notre pays d'une socété diverse, certes archaïque, différente de la nôtre, mais organisée et brillante.

---

[17] Exposition « De Delacroix à Renoir. L'Algérie des peintres » Institut du Monde Arabe. Paris 2003

Deux révolutions ont transformé la vie politique

Louis XVIII et ses successeurs ont redonné du pouvoir à l'Eglise. Le sacrilège était puni de travaux forcés à perpétuité ou de mort. Ce pouvoir a été en permanence contesté par l'opposition.
On criait : « Vive le roi,... quand même ! »
Louis XVIII mort en 1824, a été remplacé par Charles X. Ce roi a continué les actions de répression, brimant les généraux de l'Empire en retraite, faisant un défilé pour le 11° anniversaire de son entrée à Paris en 1814 ! Les parisiens y ont d'ailleurs assisté en silence. Les nobles qui avaient émigré pendant la révolution ont été indemnisés.

Le peuple se rappelait l'instauration de la première République. Revenir en arrière sur les libertés était insupportable. Les manifestations de l'opposition se sont multipliées. Conflits sociaux, grèves et agitation révolutionnaire n'ont pas cessé pendant plus de 40 ans. Chaque fois, le gouvernement demandait à l'armée de mater ces révoltes. Les morts ont été innombrables.
Les idées socialistes se sont répandues, et avec elles la « lutte des classes ». Les 28, 29 et 30 Juillet 1830, Paris s'est couvert de barricades. Ces trois journées ont été appelées plus tard « les trois glorieuses ». Les 504 victimes des combats de ces journées ont été enterrées en 1840 dans la crypte de la colonne de Juillet, place de la Bastille.

Louis Philippe a succédé à Charles X.
En 1847, les récoltes ont été très mauvaises. Les difficultés financières étaient considérables. Il y avait 700.000 chômeurs sur une population de 35 millions d'habitants (soit environ 8% d'une

population active estimée à 12 millions). Ces gens vivaient dans la misère, car le chômage n'était pas indemnisé comme maintenant.

Le gouvernement avait imaginé une campagne de banquets républicains pour célébrer les institutions. Ils ont été l'occasion pour l'opposition de réunir elle aussi des banquets et de manifester.

La révolution de 1848 a débuté par l'interdiction d'un banquet du parti radical. Des émeutes ont éclaté partout dans Paris. Le roi Louis Philippe s'est enfui. La deuxième République commençait.

Le licenciement des ouvriers des ateliers nationaux a été le déclenchement d'une effroyable guerre de rues du 23 au 26 Juin. 4.000 morts parmi les insurgés, 1.600 dans les défenseurs de l'ordre, 10.000 arrestations. 4.300 prisonniers ont été déportés en Algérie.

Napoléon Bonaparte a été élu président de la République. Le 2 décembre de l'année suivante, il a fait un coup d'Etat et s'est proclamé Empereur. Plus de 1.000 morts. 26.000 arrestations.

Que d'événements !

Nicolas Auguste a connu ainsi pendant ces trente huit ans de vie civile :

En 1815 : la création de la Légion Etrangère .
En 1821 : la mort de Napoléon.
En 1823 : le début de l'action religieuse du curé d'Ars.
En 1824 : la découverte de la thermodynamique par Sadi Carnot.

En 1825 : La création à Paris des omnibus tirés par des chevaux.
En 1826 : La généralisation des trottoirs à Paris.
Le 25 avril 1827 : La loi sur la répression de la traite des noirs.
En 1828 : René Caillé est entré à Tombouctou

En 1829 : Le début de la conquête de l'Algérie
En 1830 : L'invention de la photographie par Joseph Nicéphore Niepce et Louis Jacques Mandé Daguerre.
La création de l'Ecole Centrale des Arts et Manufactures.
Les apparitions de la Vierge à Catherine Labouré, rue du Bac à Paris.
En 1831 : Le rétablissement de la statue de Napoléon I° au sommet de la colonne Vendôme.
L'arrivée à Paris de la Venus de Milo.
La mort de l'abbé Grégoire dont les obséques religieuses ont été refusées par l'évêque ; l'homélie a été prononcée par un civil, ancien conventionnel.
La création du poste d'Inspecteur général des Monuments Historiques, confié à Prosper Mérimée.
La révolte des canuts à Lyon.
En 1832 : L'épidémie mondiale de choléra qui a tué 40.000 personnes en France dont 16.000 parisiens.
En 1833 : Guizot a publié les lois sur l'école primaire.
En 1834 : La révolte des ouvriers et artisans à Lyon et à Paris avec de grandes batailles de rues. Les morts ont été nombreux.
La loi sur l'expropriation pour utilité publique.
En1836 : L'érection de l'obélisque de Louqsor sur la place de la Concorde.
    La France avait 33.500.000 habitants.
En 1837 : L'inauguration de la première ligne de chemin de fer entre Paris et Saint Germain.
En 1840 : L'inauguration d'une liaison de bateaux à vapeur entre le Havre et New York.
Le retour des cendres de Napoléon.

En 1841 : Une loi limita l'âge minimum du travail des enfants à 8 ans.
En 1842 : L'amiral Dupetit Thouars établit un protectorat sur Tahiti.
En 1843 : La construction de la bibliothèque Sainte Geneviève.

En 1844 : Le début de la restauration de la cathédrale Notre Dame de Paris.
La première ligne de télégraphe électrique entre Rouen et Paris.
En 1846 : L'apparition de la vierge à deux enfants à La Salette, dans l'Isère.
En 1848 : La troisième révolution.
L'abolition de l'esclavage le 27 avril.[18]
En 1851 : Le coup d'Etat de Louis Napoléon Bonaparte le 2 décembre. Il se fera sacrer empereur l'année suivante.

---

[18] Sous la pression des propriétaires des terres des colonies où on cultivait la canne à sucre, et devant le refus des Français de France de faire ce travail pénible, ce qui exposait les exploitants à la ruine, Napoléon I° a rétabli l'esclavage le 20 mai 1802. Mais ce que l'Histoire n'a pas retenu, c'est qu'un de ses premiers décrets à son retour de l'Ile d'Elbe a aboli la traite négrière. Ce décret a été confirmé par Louis XVIII, mais cela n'a pas suffi pour faire cesser la traite de contrebande ni abolir l'esclavage.

Histoire de la toilette à Paris

Du temps des Gallo-Romains, il y avait à Lutèce des bains publics avec des parties chaudes comprenant des bains de vapeur et d'autres parties consacrées au lavage et aux massages du corps. Le plus célèbre de ces bains est l'établissement des thermes de Lutèce que l'on peut visiter dans le musée de Cluny, immense établissement où tous les habitants pouvaient aller entretenir la propreté de leur corps. On aimait se laver. Les ruines en sont imposantes.

Les Croisés en Terre Sainte avaient pris l'habitude des bains. Les Templiers à leur retour de Jérusalem en 1147 ont fait construire dans l'enclos du Temple, à côté des appartements réservés aux invités et pour leur propre usage, des étuves sur le modèle de celles utilisées par les Romains.

Le métier d' « étuveur » s'est développé. C'était un métier libre, sans redevance particulière. Comme la demande était grande, les méthodes se sont simplifiées, en utilisant des baquets, des cuves, des tonneaux en bois.

Vers la fin du XIV° siècle, on n'aimait plus se laver. D'ailleurs, on ne pouvait pas se laver facilement, car il n'y avait pas assez d'eau. Les médecins et les religieux ont condamné les étuves, dans lesquelles on circulait nu, car c'était devenu des lieux de débauche. Beaucoup ont disparu. Celles qui restaient ont été confiées aux barbiers, et en 1673 on a créé la corporation des « Barbiers-baigneurs-étuvistes-perruquiers ».

Il fallait quand même se laver un peu. Il n'y avait pas l'eau courante dans les immeubles, ainsi on allait se laver dans la Seine.

L'installation d'établissements de bains sur les bords du fleuve a commencé vers 1622.

Les dames aimaient les fréquenter.

« Quand je fus arrivée aux baings où d'ordinaire nous avons coustume entre nous autres de nous rafraîchir, je me trouvay au milieu d'une bonne et agréable compagnie de bourgeoises et de dames de Paris qui estoient venues au mesme lieu pour ce même subject. »

On se déshabillait sur des petits bateaux amarrés sur le rivage et recouverts d'une toile. Des échelles, des pieux, des cordes, délimitaient le territoire de la baignade.

En 1688, le prévôt des marchands imposa aux gérants de ces établissements qu'ils mettent des caleçons de bain à la disposition des baigneurs.

Mais ce n'était pas encore bien vu de la bonne société. En 1724, le Procureur général du Parlement, Joly de Fleury, écrivait :

« C'est un horrible scandale que celui d'un grand nombre de libertins qui se baignent nus dans Paris à la vue de tant de personnes, principalement de l'autre sexe, qui sont sur les quais et aux fenêtres. Ils vont même effrontément, en cet état, autour des bateaux où les femmes lavent le linge, et où il se dit de part et d'autre toutes sortes d'infamies. »

En 1783, on a interdit les bains en pleine eau pendant le jour. Ils restaient autorisés la nuit.

Au XIX° siècle, il y avait des bains à quatre sous entre les ponts d'Austerlitz et d'Iéna.

« Dans l'été, le soir, lorsque la chaleur de toute une journée a bien chauffé nos rues, brûlé les murs et le pavé, pour contempler la jeune population plébéienne de Paris, il faut aller un samedi dans un

bain à vingt centimes. Imaginez une bande de démons, noire de charbon et de fumée, ou bien des cyclopes arrachés tout à coup de leurs fourneaux et de leurs forges, et plongés dans un bain qu'un seul instant rend épais et fangeux, et vous n'aurez encore qu'une faible idée de ces masses de batraciens à face humaine, grouillant et pataugeant dans cette vasque immonde. Le soir, à la lueur fumeuse des lanternes, c'est un spectacle infernal. »

L'arrivée de l'eau du canal de l'Ourcq, long de 49 Km, a permis le développement de la toilette à domicile. De ces bains publics dans la Seine n'a subsisté que la Piscine Deligny, construite avec la coque du bateau qui avait amené l'obélisque de Louqsor de Rouen à Paris, Il n'en reste plus rien aujourd'hui, elle a coulé en 1993.

Les étuves sont redevenues des bains de quartier.

Il y en avait paraît-il un certain nombre dans le quartier du Temple.

Nicolas Auguste EMERY

Les bains Turcs et les familes Emery, puis Merlin, Roux, Batardy et enfin Joly

Nicolas Auguste EMERY

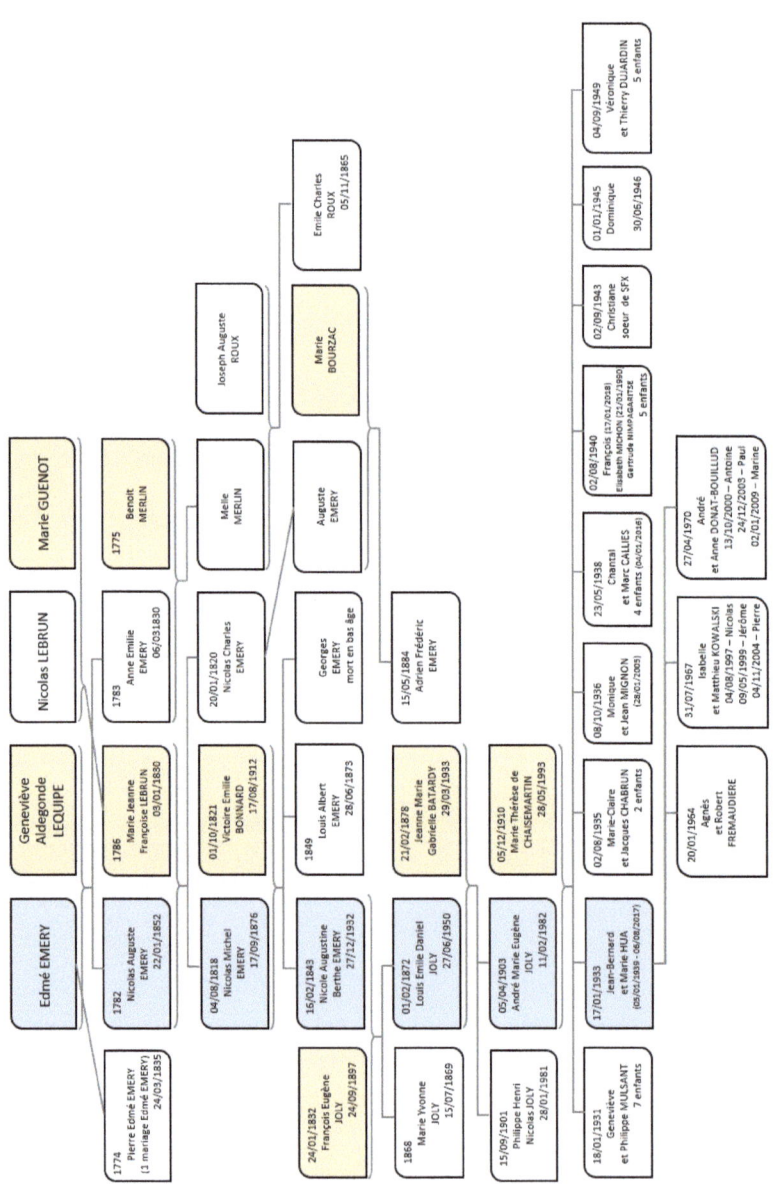

D' Edmé Emery à Marie et Jean Bernard Joly
Et leurs enfants

Mon père Edmé Emery avait eu d'un premier mariage Pierre Edmé, né en 1774, que je considérais plus comme un oncle que comme mon demi-frère bien qu'il ne soit que de quatre ans mon aîné. Pierre Edmé était limonadier. Il avait acheté le café du Grand Turenne et en avait confié la gestion à mon père, en le laissant profiter de tous les bénéfices. Il a géré avec sagesse les biens de la famille pendant mon séjour à l'armée.

Je suis né du remariage de mon père avec Geneviève Aldegonde Léquipé, sœur de Michel Denis Léquipé, dont la profession était joaillier. Cet homme est mort sans descendance.

Claudine Charlotte Bouziou son épouse, était fille unique. Elle n'avait pas eu non plus d'enfant d'un premier mariage. Tous deux ont reporté leur amour sur mon père et sur moi, espérant que mes enfants pourraient bénéficier de l'accroissement de la fortune de la famille.

Après la révolution de 1789, de nombreuses propriétés réquisitionnées par l'Etat aux dépens des communautés religieuses ou de riches propriétaires nobles ont été vendues. On les appelait les « Biens Nationaux ». Il fallait beaucoup d'argent pour payer les frais de la guerre contre les royaumes de Prusse et d'Autriche soutenus par les Anglais, contre la République d'abord, puis contre l'Empereur.

Le terrain de l'enclos du Temple avait déjà été morcelé. Des commerces s'y étaient installés, en particulier un établissement de bains à l'emplacement des étuves dont les Templiers se servaient pour leur usage et celui de leurs hôtes d'où le nom de « bains du Temple ». On les a appelés aussi « bains turcs »[19]

Pierre Edmé Emery et son épouse Claudine Charlotte Bouziou, veuve de Marie Joseph Lethueux, ont acheté en 1812 pour 120.000 francs les bains et le grand terrain qui les entourait à madame Marie

---

[19] Les hammams, copiés sur le modèle des bains Romains, étaient nombreux dans Paris.

Nicolas Auguste EMERY

Elisabeth Duloy, veuve en premières noces de M. Jean Pierre Baptiste Boursier qui l'avait probablement acquis au titre de bien national.

Cette acquisition a été faite avec l'aide financière de Michel Denis Léquipé, frère de Geneviève Aldegonde, mère de Nicolas Auguste, qui était joaillier et n'avait pas d'enfant ainsi que par la vente du café redevenu « Au grand Turenne ».

Les Bains du Temple, les « Bains Turcs », étaient situés au n° 94-96, puis n°188, et enfin 172 de la rue du Temple. Cette propriété contenait aussi aussi un immeuble en façade de la rue et d'autres constructions louées à des commerces.

Pierre Edmé Emery était alors inscrit au registre du commerce comme « baigneur ».

Nicolas Auguste y a travaillé avec lui.

Comme Pierre Edmé n'avait pas d'enfants, il a fait un testament en 1826, attribuant ce bien à son demi-frère Nicolas Auguste, à sa demi sœur Anne Emilie, et à leurs enfants à venir.

Il en a cessé l'exploitation en 1830 et en a fait location à Mr Félix, mais il continuait à habiter dans une maison au 94 de la même rue.

Une partie a été vendue à ce Monsieur Felix moyennant 140.000 Francs. Les revenus annuels étaient de 15.332 Francs.

Cette propriété comprenait alors :

« *1° Un hôtel élevé sur caves de deux étages carrés, ayant entrée sur la rue du Temple et sortie sur la rue Dupetit Thouars. Là Pierre Edmé avait habité. Il y avait aussi des locataires.*

2° Quatorze boutiques élevées sur terre plein d'un premier étage couvert en terrasse avec salle de billard au milieu de cette terrasse.

3° Et une galerie servant à un établissement de bains, derrière les boutiques, dont elles sont séparées par un grand jardin. »

Dans le courant du XIXème siècle, les Emery les Merlin et les Roux, par des accords successifs, ont accru la valeur de la propriété en y construisant un grand corps de bâtiment avec deux ailes en retour de chaque côté, élevé d'un rez de chaussée, de cinq étages et un sixième sous comble en zinc. Les bains ont probablement été détruits à ce moment là.

Porte du n° 172 de la rue du Temple.

Nicolas Auguste EMERY

C'est peut-être ce qui reste actuellement
de l'entrée des « Bains Turcs »

La propriété des bains Turcs avait été achetée 120.000 francs en 1812.

Une partie a été vendue pour 140.000 francs en 1830.

Le reste valait 600.000 francs en 1841, et 906.000 francs[20] en 1876.

Ils ont aussi bénéficié d'une indemnité d'expropriation de la ville de Paris pour élargir la rue du Temple et la rue Gay Lussac et ouvrir la rue de Turbigo pour 436.920,57 francs.

La propriété, par un effet de partage est revenue à Nicole Berthe Emery, fille de Nicolas Michel Emery et petite-fille de Nicolas Auguste Emery.

Nicole Berthe Emery a épousé François Eugène Joly, mon arrière grand-père. Elle possédait par transmission de Nicolas Michel, outre les bains turcs, une maison 9 rue Lafayette à Versailles « avec logement de jardinier, écurie, remise, basse-cour, jardin et dépendances », un immeuble rue de Turbigo, un rue Gay Lussac, un à Neuilly et des terres à Ozouer le Voulgis, des rentes sur l'Etat et sur les chemins de fer.

Ces biens ont été transmis de père en fils. J'ai ainsi envers Nicolas Auguste et ceux qui lui ont succédé à travers les générations, envers mon père André et son frère Philippe, une grande reconnaissance. C'est grace à eux que mes études, ma vie familiale, mon installation à Angoulême, l'achat de la Petite Dennerie, l'aisance de mes trois enfants, et la création de la Fondation Leïla Fodil[21] ont été facilitées.

---

[20] Francs de l'époque

[21] La Fondation Leïla Fodil a été créée en 1992 par Marie, Jean Bernard Joly et leurs trois enfants. Son nom a pour origine celui d'une petite Algérienne âgée de trois ans, qu'ils ont accueillie chez eux jusqu'à sa mort, pour le traitement d'une leucémie.
Au Mali, la Fondation Leïla Fodil aide la scolarisation et la formation professionnelle d'enfants de familles démunies. Au Viêt Nam elle soutient financièrement un programme

Conclusion
et remerciements

La rédaction de ce livre, tentant de retracer la vie d'un de mes ancêtres, m'a permis de réviser mes connaissances de l'histoire de France. J'ai lu avec passion quelques livres dans lesquels les auteurs décrivaient la vie des habitants de mon pays, les habitudes des soldats, les sentiments de ceux qui alors étaient nos ennemis, sans trop entrer dans le détail du déroulement des batailles dont le lecteur oublie la description aussitôt après sa lecture.

J'ai ainsi chevauché en rêve plus de 25.000 kilomètres à travers l'Europe avec Nicolas Auguste, et modifié ma vision de l'histoire de l'Empire.

À ceux qui croient que l'Empire a été une succession de batailles inutiles, je répondrai qu'il n'a été que la suite de la première Révolution, et que l'Empereur qui l'a sauvée s'est trompé quand il pensait que l'Europe accepterait les progrès immenses qu'elle apportait. Il était alors un visionnaire dont les idées trop précoces et trop ambitieuses, également trop centrées sur la suprématie de notre pays, ont ruiné le projet d'une union Européenne. L'imposer par la force était une illusion qui s'est heurtée aux intérêts personnels des familles royales. L'Europe n'a commencé à se construire que cent cinquante ans plus tard, et ce n'est pas encore chose faite. L'obstacle

---

d'enseigement et de diffusion des méthodes naturelles de planification familiale initié par Marie Joly.

le plus difficile à surmonter est celui de l'égalité des droits de chaque habitant de chacun des nombreux pays qui la composent.

À ceux qui croient que l'Empereur n'était qu'un mégalomane capable de sacrifier des dizaines de milliers de vies au cours des batailles, je rappellerai que toutes ses campagnes, sauf celle d'Espagne, ont été déclenchées alors que les puissances étrangères lui avaient déclaré la guerre ou la préparaient activement. Je rappellerai aussi sa compassion et ses pleurs sur les blessés et les morts au soir des combats féroces.

À ceux qui imaginaient la mort sans soins des milliers de blessés, je conseille de lire les mémoires du docteur Dominique Larrey, chirurgien de la Garde, qui en plus de son courage a été le précurseur des soins modernes aux blessés de la guerre. On a dit qu'il n'était qu'un chirurgien amputeur prodigieusement rapide et incapable de faire autre chose, en oubliant que les fracas de membres provoqués par les boulets et la mitraille ne permettaient pas une chirurgie réparatrice minutieuse. L'amputation sur place a soulagé des douleurs, évité la mort par choc traumatique ou hémorragie, évité des infections secondaires. Surtout, sa pratique au plus près des combats témoigne d'un courage et d'un dévouement extraordinaires.

À ceux qui croient que les Français sont un peuple de raison et d'humanité, je rappellerai les atrocités de la guerre d'Espagne.

À ceux qui se font une gloire d'avoir comme ancêtres des Maréchaux ou des officiers supérieurs, je dirai que je suis fier d'avoir pour arrière-arrière-arrière-arrière-arrière grand père, un sous-officier de hussards décoré de la Légion d'Honneur.

Merci à mon épouse Marie de m'avoir aidé avec sa compétence et sa patience à faire des recherches et à mettre en pages le manuscrit dactylographié. Elle a su déjouer les ruses des ordinateurs qui ayant chacun son caractère, tentaient de mettre en déroute mon travail et ma raison. Mes enfants Agnès Isabelle et André ont pris sa suite pour la composition du livre.

Merci à Geneviève Mulsant et à Monique Mignon mes sœurs, qui m'ont confié des documents familiaux précieux.

À ceux qui liront, je conseille la patience et je souhaite le bonheur du rêve que donne parfois la lecture.

Angoulême
Juin 2018

Nicolas Auguste EMERY

Les campagnes de Nicolas Auguste Emery

1° Campagne d'Allemagne
1803 - 1805
Fin : 2 décembre à Austerlitz

Campagne de Prusse :
18 sept 1806
Fin : 14 octobre à Iéna

Campagne de Pologne
22 nov 1806
8 fév 1807 Eylau
14 juin Friedland
Fin : 27 Juin à Tilsitt

Guerre d'Espagne
9 nov 1808
Somo Siera – Guadarrama
Fin pour Nicolas Auguste : 1 Janvier 1809

2° Campagne d'Allemagne
26 avril 1809
21 mai Essling

Nicolas Auguste EMERY

Passage du Danube
6 Juillet Wagram
Schönbrunn
Fin : à Vienne 14 octobre

Campagne de Russie
22 Juillet 1812
Fin : 13 Décembre 1812

Campagne de Saxe
16 avril 1813
Hanau, 30 Septembre
16-19 octobre à Leipzig.
Fin : 2 novembre à Mayence.

Campagne de France
Novembre 1813
Fin : adieux de Fontainebleau 20 avril 1814

Campagne de Belgique
Fin : 18 Juin 1815 à Waterloo

Nicolas Auguste Emery fut mis à la retraite avec le grade de maréchal des logis en 1815

Bibliographie

Ce livre est un document d'amateur dont les bénéfices, s'il est vendu, reviendront à la Fondation Leïla Fodil, Fondation humanitaire reconnue d'utilité publique, créée par la famille de Marie et Jean Bernard Joly en faveur de la santé des enfants dans les pays en développement.

Des documents ont été repris sur Internet. Je ne les ai pas répertoriés.

Livres consultés :

La vie quotidienne dans les armées de Napoléon
Marcel Baldet
Hachette 1964

Place à Monsieur Larrey chirurgien de la garde impériale
Jean Marchioni
Actes Sud Avril 2003.

Atlas de la Grande Armée
J.C. Quenevat
Ed Sequoia Paris-Bruxelles aout 1966

Atlas des guerres. Les guerres napoléoniennes. 1796-1815
Gunther E. Rothenberg
Ed Autrement 2000

Les vrais soldats de Napoléon - J.Cl. Quenevat
Sequoia-Elsevier
Paris Bruxelles 1968

L'armée Napoléonienne
Alain Pigeard
Edit Curandera

Splendeur des uniformes de Napoléon
Charny
Edit Ch Hérissey

La vieille garde impériale
Frédéric Masson

Les cavaliers de Napoléon
Frédéric Masson

Historique du troisième régiment de Hussards de 1764 à 1887 d'après les archives du corps, celles du dépôt de la guerre et d'autres documents originaux
Raoul DUPUY, capitaine Commandant au 3° régiment de Hussards
Paris - Librairie Française - Alphonse Piaget
16, rue des Vosges

La revue Napoléon
Numéro 30 Mai 2007-06-29 La bataille de Friedland

Journal de la France et des Français
2 tomes Gallimard 2001

Histoire et dictionnaire de Paris - Alfredo Pierro
Robert Laffont 1996

Le hussard - Arturo Perez-Reverte
Le Seuil 2005

Colloque de Cognac sur les armées en Charente
2004 n°25
Stéphane Calvet prof. d'histoire au lycée Guez de Balzac

German Martyrs and other facts related to the French
occupation of German lands
The greenhill napoleonic wars data book
Digby Smith 1988
FN n° 5188

Les facéties du sapeur Camember - Christophe 1896
Réédition Librairie Armand Colin 1977

Trente ans de gloire avec l'Empereur.
Mémoires du capitaine Coignet
Chevalier de la Légion d'Honneur
Edition de 1851

Nicolas Auguste EMERY

Table des matières

Note concernant la présentation du texte 9
Nous avons fait connaissance 11
    Cher Nicolas Auguste, ... 11
    Nicolas Auguste Emery est mon aïeul à la cinquième génération 23
    Nicolas Auguste parle 25
Mon enfance à Paris 27
    Le Grand Turenne 28
    Le quartier du Temple 30
    Les rues de mon quartier 35
        Le boulevard du Temple 35
        La Rue de Turenne 36
        La Rue Charlot 37
        La Rue du Temple 37
Enfant pendant la Révolution de 1789 39
    Les limonadiers 43
Le 15 août 1803, ma vie a changé 47
    J'ai été enrôlé dans l'Armée 47
    Le troisième régiment de hussards 49
Ma vie au régiment 51
    Marie Françoise Lebrun 57
Du camp de Bouloge à Austerlitz 63
    En marche vers l'Autriche 66
    En campagne 69
Austerlitz 75
    Le docteur Dominique Larrey 77
Entre Salsbourg et Berlin 81
    La guerre a repris en septembre 1806 86
La bataille d'Iéna. La charge de la cavalerie 87

Une étrange rencontre	92
Nous sommes entrés à Berlin	93
La campagne de Pologne	**95**
Prisonnier des Polonais	98
Blessé par une lance	99
La bataille d'Eylau	**105**
Avec le docteur Larrey	106
La bataille de Friedland	**113**
Nous avons fêté la paix	115
Les partisans	120
La guerre d'Espagne	**123**
D'Angoulême, j'ai gardé de mauvais souvenirs.	125
Je fus nommé dans la Garde Impériale le 9 novembre 1808.	127
La Garde de l'Empereur	130
La mauvaise guerre	**135**
Les montagnes d'Espagne	136
Les faiblesses	140
Ce fut une guerre cruelle et sans merci	140
Un Noble Espagnol parle	143
La deuxième campagne de Prusse	**151**
Wagram	**153**
Deux ans sans combattre	**157**
La funeste campagne de Russie	**163**
Marches sans batailles	166
Borodino	169
Moscou	170
Le grand incendie	173
La retraite de Russie	175
J'ai eu les pieds gelés	179
Les misères des soldats	184
La Bérézina	186
Wilna	189

Défaites et victoires - La campagne de Saxe **191**
    Leipzig 193
    Hanau 194

La Campagne de France **201**
    Le départ de l'Empereur 203
    L'adieu aux lanciers Polonais 204

J'ai bénéficié de presque un an de repos **207**

Les cent jours **209**
    Waterloo 211
    C'était fini ! 211
    La tombe du cheval 213

À Paris en 1815 .... **216**

38 ans de vie civile **221**

Nicolas Auguste a assisté à une période intense de l'histoire de France **223**
    Deux révolutions ont transformé la vie politique 225
    Que d'événements ! 226

Histoire de la toilette à Paris **229**

Les bains Turcs et les familes Emery, puis Merlin, Roux, Batardy et enfin Joly **233**

Conclusion **239**

Les campagnes de Nicolas Auguste Emery **243**

Bibliographie **245**

Nicolas Auguste EMERY